名师名校名校长

凝聚名师共识
回应名师关怀
打造名师品牌
培育名师群体

校本研修
推动学校高品质发展

冯家传 著

西南大学出版社

图书在版编目（CIP）数据

校本研修推动学校高品质发展 / 冯家传著 . —重庆：
西南大学出版社 , 2023.12
ISBN 978-7-5697-2179-9

Ⅰ . ①校… Ⅱ . ①冯… Ⅲ . ①小学—教学研究 Ⅳ .
① G622.0

中国国家版本馆 CIP 数据核字（2023）第 257519 号

校本研修推动学校高品质发展
XIAOBEN YANXIU TUIDONG XUEXIAO GAO PINZHI FAZHAN

冯家传　著

责任编辑：	周万华
责任校对：	尤国琴
封面设计：	蒋凯瑞
排　　版：	商丘海博顺晟广告制作有限公司
出版发行：	西南大学出版社（原西南师范大学出版社）
印　　刷：	北京政采印刷服务有限公司
成品尺寸：	170 mm × 240 mm
印　　张：	16.5
字　　数：	215 千字
版　　次：	2023 年 12 月　第 1 版
印　　次：	2023 年 12 月　第 1 次印刷
书　　号：	ISBN 978-7-5697-2179-9
定　　价：	78.00 元

前　言

　　一位好校长成就一所好学校。打造一支高品质师资队伍是校长的第一要务。而打造高品质师资队伍最有效、最直接、最容易操作的就是校本研修这种助推方式。

　　所谓校本研修，指的是：在新时代教育改革背景下，整合力量，立足校本，创造良好的研修生态环境，让教师在专家引领、同伴互助、个体反思实践中实现专业发展。校本研修，起于教，立于研，拓于学，用于训，其立足点是基于学校和教师，为了学校和教师，发展学校和教师。

　　校本研修立足学校发展，立足教学问题解决，立足教师教学成长。它"起于教，立于研，拓于学，用于训"。我们把"研教、研学、研训"有机整合，形成"三研一体"校本研修体系，以解决问题为导向，以教师专业成长为根本。它的切入点在"研教"，聚焦教学问题，以教促研开展教研活动；着力点在"研学"，通过理论学习引发思想交流与思维碰撞；落脚点在"研训"，把校本研修作为一种培训模式推进，最终指向教师的专业发展。

　　校本研修不但成功地助力教师专业水平提高，而且推动学校"开放·活力·高效"幸福课堂改革，实现高品质课堂构建，并且以新会圭峰小学为基础，推动了整个新会圭峰小学教育集团的大发展，实现集团化办学高质量发展。

　　2021年，江门市新会圭峰小学被评为首批广东省中小学教师校本研修示范学校。我们以此为契机和平台，全面贯彻落实新时代教师队伍建设改革和教育教学改革高质量发展有关要求，围绕"创新校本教研模式（构建'三研一体'校本教研模式），锻造高品质师资队伍；创新课堂改革（构建'开放·活力·高效'课堂模式），打造高品质课堂教学"两大建设目标，制订并实施"三大工程"（青蓝工程、名师工程、学科智囊团工程）和搭建"四大平台"（岗位练兵平台、内外培训平台、教学展示平台、专家引领平台）的校本教研体系。2021年以来，构建了以问题为导向的校本教研共同体，基地学校组织开展了单元规划研修12次、名师大讲堂24次、送教下乡24次、进城教研24次、课题研究12次、跟岗培训8次等系列专项活动，线下参与教研活动人数达百余人次。

基地项目和校本研修项目均聚焦"有效解决高品质师资培养和高品质课堂教学"这两个事关学校高质量发展的关键问题和重难点问题，推动了学校和本地区教育教学教研质量提升，进行了系列示范引领活动，承担了基础教育教研体系建设暨基地项目推动研讨会、广东省校本研修典型经验交流研讨会、江门市"五邑名师大讲堂"第3场和第5场等大型教研活动20场，全国线上参与活动人数累计近20万人，现场线下参与活动人数累计超过3000人，取得了显著效果。

通过持续的校本研修，整个教育集团的教师队伍专业素质和职业素养得到了大幅度提升，整个教师团队的归属感和幸福感在不断增强，带动整个教育集团这艘大船稳健驶向远方。

冯家传

2023年5月

目　录

第一章　校本研修的基本理论

第一节　何为校本研修 02

第二节　校本研修的宗旨 14

第三节　校本研修的实施内容 19

第四节　校本研修的三大要素 28

第二章　校本研修的"圭小模式"：构建"三研一体"

第一节　"三研一体"的研修路径 40

第二节　构建一个模式："三三三"研修 58

第三节　夯实两项建设 61

第四节　推动"三项工程" 65

第五节　搭建"四个平台" 70

第六节　以"三聚焦"，提升"三能力" 76

第七节　擘画"一座统建"蓝图，打造新型教学共同体 81

第三章　校本研修推动学校教育理念的实现

第一节　构建"以美培元，守正创新"的美育理念 96
第二节　"幸福教育"理念下小学校本课程体系构建 107
第三节　提升教师职业幸福感的实践探索 116
第四节　以校本研修助推学校转制大发展 127
第五节　发挥校本研修示范校的带动辐射作用 134

第四章　围绕校本研修进行的高效课堂建设实践

第一节　构建"开放·活力·高效"课堂 140
第二节　高效课堂的研修路径 144
第三节　以校本研修成就高品位名师 151
第四节　集体备课制度是高效课堂的重要保障 157

第五章　锤炼一支扎实做校本研修的教师队伍

第一节　校本研修突破教师成长的瓶颈 170
第二节　新课标，新教材，新策略：教师研修第一步 182
第三节　培养"五感""六有"教师 186
第四节　以专家工作室为载体，尽展名师示范性作用 191
第五节　校本研修指引下教师队伍的未来发展前景 204

第六章　以校本研修为抓手，推动教育集团发展

第一节　奋进"四域一体"范式 214
第二节　凝聚"共建"合力，联动赋能发展 228
第三节　工作室搭台，构筑研修交流新高地 233
第四节　圭峰小学与结对帮扶学校共进计划 241
第五节　求真务实抓研修，推动集团化办学高质量发展 248

参考文献 254

第一章
校本研修的基本理论

　　校本研修，起于教，立于研，拓于学，用于训。其中，"教"是落实课改理念的根本途径；"研"是以教学问题和教学现象为导向，促进教师专业化成长的有效方法；"学"是更新教育教学理念，紧跟课程改革步伐的重要手段；"训"是以专业发展为指向，提高教师教育教学和科研能力的重要手段。

　　在校本研修实施过程中，"教""研""学""训"不是孤立的，而是主体融合，形式合一的校本研修的内容，应当根据学校自身发展目标和教师专业发展需求，结合学校（或区域）特点，科学构建、合理设计。

第一节　何为校本研修

一、校本研修的概念

（一）校本研修的语义诠释

从结构上看，校本研修是由"校本"和"研修"两个词组成的。因此，要了解校本研修的含义，首先需要明确"校本"和"研修"这两个词的含义。

1. 关于"校本"

"校本"一词，源于20世纪80年代初美国开展的一场基础教育重建运动。当时外控式学校管理存在诸多弊端，为此教育学家提出了在中小学推行"以校为本"、发挥学校自主性的学校管理模式，即校本管理（school-based management）模式。后来这种模式传入我国，被翻译成"以学校为本"或者"以学校为基础"，最后被简化为"校本"。目前，国内大多数学者从"为了学校""基于学校""在学校中开展或进行"这三个层面来阐释"以校为本"，其出发点和落脚点都是促进发展，即促进本校学生的发展、促进本校教师的发展、促进本校的发展。

目前，国内大多从"为了学校""基于学校""在学校中开展或进行"三个层面来理解"校本"。但总体来看，"以校为本"应当在受者所在的日常实践活动场所中进行，无论是本校的学生教育，还是教师的继续教育，都应当尽可能地在本校进行，而不要远离他们现实的实践活动场景。

2. 关于"研修"

从字面上看，"研修"是由"研"和"修"两个汉字组合而成。在现代汉语中，"研"字的本意跟"研究"一致，指"探求事物的真相、性质、规律等"，或者是"思考和商讨问题"；而"修"字主要有两个方面的意思：一是指对事物的改造；二是指对人自身（学习品行方面）的改造。把这两个字的意思结合起来，就是研修，即通过思考问题、商讨意见、探求事物的规律等研究性学习活动，提高人的修养。

因此，从词语含义来分析，"校本研修"就是学校里的教师通过思考探讨解决本校的实际问题，从而达到提高自身修养、促进本校发展的一种实践探究活动。

（二）校本研修的内涵和外延

校本研修的要素包括：教师及其研修组织、领导与管理行为、专业人士、专业信息资源等。

综合众多学者对校本研修所作的理解，从内涵角度看，本书将校本研修概括为：一种以教师任教学校为场所，以教师为主体，以研究学习为途径，组建包括专家教授、学校领导、教研人员和普通教师为共同体的研修平台，以促进学生、教师和学校的自主发展为主要目的，融教学研究与教师培训于一体的教师教育形式。它集自主性、研究性、合作性、反思性、同伴互助及专业引领为一体，不仅仅是一种促进教师专业成长的重要模式，同时也是一种构建学习型学校文化和促进学校内涵发展的有效途径。

从外延上看，校本研修是指在学校的主导下，以教师自身及其所在学校的特点和需要为基础，以提高教师的专业修养为目的，以不断深化教育教学改革和优化学生成长环境为内容，以自主、合作、探究性学习为主要形式，以教师作为主体的学习型组织为交流平台，在专业人士的指导和专业信息的引导下，通过有目的、有计划、有组织、有系统的研究性学习和实践锻炼，促进教师专业成长的一种教师继续教育方式。

二、校本研修的特征

目前，对校本研修特征的探讨和对校本研修的科学内涵的认识一样，众说纷纭，莫衷一是。然而，一般来看，整体上仍可以将这些不同的认识归结为以下两类。

一类是突出校本研修的"校本"特征。如汤立宏认为，校本研修的特征主要表现在三个方面：第一，校本研修的宗旨与根本目的是"基于学校"。校本研修无论作为一种活动还是作为一种机制，其目的都是促进教师的专业发展和学生身心的健全发展，这是体现学校办学水平的主要内容，是学校可持续发展的灵魂。第二，校本研修的起点与根基是"为了学校"。学校是校本研修的基地，校本研修的一切活动都来自学校管理和全体教师的共同努力。第三，校本研修的活动状态与主体是"在学校中"。

另一类则是强调校本研修的"行动"特征。如郭东岐则从校本研修的内涵是行动研究这一角度出发，认为其具有以下特征：第一，教师是研究的主体。教师在研究中由被培训者、被研究者转变为主动研究者及对自身教学行为的反思者。第二，研究的实践性。校本研修是从实际需要出发，在教育实践中去发现、研究和解决实际问题。第三，研究目的的指向性。行动研究是通过在教育活动的具体情境中进行，提高行动质量，增进行动效果，是为了行动而研究。第四，研究过程与教学过程的相关性。教师行动研究的基本过程是在教学实践中发现、提出及解决问题。

综上所述，校本研修具有以下一般性特征。

（一）教师的主体性

教师是校本研修的主体，在研修活动过程中发挥高度的主观能动性。教师在研修活动中具有主体的独立性、主动性和创造性，从心理特征上来看，反映出来的是教师的自主意识、自主能力和主体人格。在校本研修中，教师的主体性主要表现在教师具有强烈的自主研修意识、自主研究能力和尊重自我、自主决定个人言行的心理特点，在校本研修活动中具有较强的独立性、主动积极性，敢于质疑问难和发表新的见解，体现出创造性。

（二）研修的实践性

校本研修具有实践探究性，也就是强调教师通过教育实践活动、探究教育教学来提高专业素养，以学习、运用先进的教育理念，解决教师在教育教学实践中遇到的问题，以总结提炼经验为中心任务。校本研修不应停留在书本、课堂的学习层面，而应引导和组织教师开展调查研究、自我反思、小组研讨、实践论证、经验分享等实践探究性研修活动，从而帮助教师学会学习、学会研究，实现教育教学理论与实践的有机结合。

校本研修强调教师亲身经历、体验学习，组织教师开展探究性学习、反思性学习、参与性学习、体验性学习等多种实践性学习活动，提高教师的信息资源收集能力，发现问题、解决问题的能力和实践创新能力，通过丰富教师的实践性知识，带动教师理论水平的提升，促进教师的专业发展。

（三）研修活动的自发组织性

与校外培训机构组织的教师培训不同，校本研修活动是一种自发的组织性活动，是由教师自己组织进行的，研修内容也是由教师自己确定的。同时，校本研修组织又是一个开放的系统，来自校外的专业人士和各种信息资源都会对校本研修活动产生影响，校本研修活动自始至终都体现了教师研修组织与外界之间的相互交叉作用。因此，校本研修具有明显的自发织性特征。

（四）研修内容的生成性

相对于以往教师培训中内容的预设性而言，校本研修的研究内容具有生成性。所谓生成性，是指事物的发展过程不是严格按照事先预设的方案进行的，而是不断及时地调整和改进优化，从而使事物的发展更趋理想。以往的教师培训活动需要严格按照预定的培训方案组织培训活动，没有关注被培训者在接受培训学习的过程中所发生的新变化，也没考虑被培训者的个性化需要。校本研修的最大特点是参加研修活动的教师能够根据自己的发展需要，自主地调整研修活动进程；在研修过程中生成新的研修内容，积累新的经验，增长新的知识，形成新的能力。因此，校本研修的活动过程本质上是教师专业素养不断形成的过程。

上述特性仅为校本研修的一般性特征，但对于从教育实践上理解校本研修的含义，仅仅从一般性特征认识是不够的，还应与"校本培训""校本教研"等相关概念的比较中辨析其专有性特征。

表1-1　校本研修与校本培训、校本教研的概念比较

	校本研修	校本培训	校本教研
教师角色定位	研修的主体	被动接受培训	在教研员指导下完成
教师教育内容	更注重提高修养	更注重联系实际	更注重教学研究
教育手段	通过研，实现修	通过训，实施培	通过研，优化教

与校本培训及校本教研相比较，校本研修的特征主要表现在更加突出教师在研修中的主体地位及注重同伴互助与自我反思在教师专业发展中的重要作用，更加促进教师专业的自主发展，更加促进学校的高质量发展。

参照众多学者提出的对教师校本研修的理解和看法，结合本校教育改革实践，本书将校本研修的专有性特征概括为以下几点。

1. 突出教师学习问题性

一般来说，教师的专业知识是与教师的教学活动的具体需要和实践相联系的鲜活知识，教师的知识和智慧形成具有生成性、个体性、情境性、实践性的特征。真实的"课堂是不能复制的"，一位教师不可能在实践中完全照搬套用另外一位教师的教学行为方式，也没有在任何教育情境下都有效的教育手段和方法。教师的知识和智慧的形成需要经历实践，需要在实践中生成与发展，教师知识的获取、智慧的形成具有不可"灌输性"。

校本研修的一个理念就是重视教师"知行合一"的认知方式，认为教师学习是一种问题驱动的学习。教师对教育问题的认识，往往是从其面临的现实问题出发、最终又回到解决现实问题的方法策略上来，而且教师的思维过程是注重应用而非纯理论化的。教师学习又是一种基于案例的情境性嵌入式学习，这是因为教师所面临的问题通常是处于不断变化的动态的，要通过多维表征、双向建构的情境嵌入才能完成对知识的有意义的全面理解。因此，教师的专业知识，除了明确的文本理论知识之外，更重要的是，还必须拥有那些"默会"的、"不可言传"的和镶嵌于情境之中的实践智慧。以教育教学实际问题解决为指向的校本研修正是关注到了这一点，突出教师学习的问题性，也就成为校本研修的一个重要特征。

2. 突出教师学习自主性

一般情况下，教师的教育与培训并不完全是因为教师自身的不足，而是因为教学的不断发展要求教师学习和掌握更多的知识与技能，而主动寻求外在的支持。在教师的教育与培训中，教师可以获得对自己经验的反思，从而使自己的教育教学迈向一个更高的层次。因此，一般来说，教师参加研修往往是发自内心的。

但是，受传统的灌输式教育教学的影响，中小学教师在校本研修活动过程中，并不习惯于积极参与活动，意识不到自身在活动中的重要地位。中小学教师积极主动参与校本研修的态度是影响校本研修中教师主体角色发挥作用的重要因素。在校本研修活动中，教师的积极主动态度是一个重要前提。因此，营造一个和谐、安全和积极的研修氛围，建立一个相互信赖的学习团队，是校本研修的一项重要任务。

3. 突出教师研训一体化

教师教育的内容归纳起来，不外乎"研"和"修"两方面，其实质是解决教育工作中的具体问题和促进教师的专业化发展。而教育工作的核心问题，是教师队伍的建设和提高教师能力，提升教师素养。"研"，主要是指教研、科研，或者说教育科研；"修"就是人们常说的"进德修业"，着眼于教师的师德水平和能力素养。"研修一体化"就是将原本属于教研和进修两方面的工作，通过一定的活动载体有机地融合在一起。

事实上，在教师的成长过程中，必然会遇到诸多的问题，需要对这些问题进行分析与研究。因此，一方面教研可以说是与进修密不可分的一部分，且为进修的基础。另一方面，研究问题的目的在于认识问题的本质，寻找问题产生的原因，制订解决问题的方案，并在此基础上揭示规律，而在这一过程中，教师又需要专业人士指导，需要进修，因此，教研与进修二者融为一体。

4. 突出教师学习反思性

反思是"思考过去的事情，从中总结经验教训"。根据学习的意义，反思也是一种积极的学习活动。教师作为反思学习的主体，如果能够科学自主地思考自己过去亲身经历的事情，从中总结经验教训，有意识地改变自己的行为和行为模式，无疑有助于自身的专业成长。校本研修注重"从发现自己遇到的问题开始"，而教师自我发现问题的过程本身就是一种自主反思过程。

在研修过程中，每个参与研修活动的教师应注意根据所了解的信息，及时反思自己的思想、观念、言论和行为，及时自觉自主地调整自己。校本研修要求教师对专题研修活动进行系统全面的反思，总结经验，提炼研修成果，发现新的问题，寻求解决问题的良策。因此，校本研修的全过程就是促进教师不断自主反思的过程。

三、校本研修的理论基础

校本研修作为促进教师专业成长及学校自身发展的一条新途径，并不是凭空产生的，其诞生有一定的理论基础与时代背景。笔者认为，校本研修的产生主要有以下三个方面的理论渊源。

（一）行动研究理论

"行动研究"是国外一种倍受推崇的社会科学研究方法。学术界较为一致的看法是将行动研究理论的提出归功于德裔美籍心理学家勒温。1944年，勒温提出了"行动研究"一词，并构建了行动研究的基本理念。

虽然20世纪50年代末，行动研究在教育领域的主导地位在慢慢降低，但行动研究在教育领域的影响并没有消亡。至20世纪70年代，"教育行动研究"重新受到重视，早期的行动研究者科利尔以及后来的埃里奥特、凯米斯等人坚持行动研究应该是整个学校范围的"校本行动研究"。此后，校本行动研究再次受到重视，并于20世纪80年代在西方发达国家得到越来越多教师、师范教育工作者和教育研究者的支持，同时得到了英国、澳大利亚、美国等教育机构、研究机构的资助，甚至在一些地区还出现了教育行动研究的实践组织。

行动研究进入我国学者的研究视野是在20世纪80年代初，经过近40年的传播与发展，行动研究在我国迅速发展，介绍行动研究的著作越来越多，相关的实践探索也日益增多，比较有代表性的有上海顾泠沅主持的"上海青浦区的数学教学实验",以及华东师范大学与上海周边地区的学校开展的一系列研究,如校本课程开发、校本研修等。

行动研究是适合教育领域实践工作者开展的应用研究。关于行动研究的确切含义,仁者见仁,智者见智。从国外对行动研究的不同定义来看,可将对行动研究的定义分成三类:第一类是以科里为代表的"科学的行动研究",强调行动者用科学的方法对自己的行动进行研究,认为行动研究是一种小规模的实验研究,它用统计的方法来验证假设;第二类是以埃里奥特为代表的"实践的行动研究",强调行动研究者为解决自己实践中的问题而进行的研究;第三类是以凯米斯为代表的"批判的行动研究",强调行动者对自己的实践进行批判性思考。虽然各种定义表述各异,但我们可以看出,他们所强调的基本精神却是一致的,即强调行动研究以解决现实情境中的具体问题为目标。

我国学者普遍认同:行动研究是以教育实践工作者为主体进行的研究,它以研究自身实践中的问题,改进教育实践为本质。因此可以说,行动研究是一种关于人们思考和完善他们自己实践的研究方法。我们虽然很难给行动研究下一个明确的定义,但从其起源和内涵上看,行动研究是在人们的社会实践领域中产生的。正因为如此,行动研究与其他研究方法相比较,其自身具有以下三个特点:一是行动研究以提高行动质量,改进实际工作为首要目标;二是行动研究强调研究过程与行动过程的结合,注重研究者与行动者的合作;三是行动研究要求行动者参与研究,并对自己从事的实际工作进行反思。

自行动研究理念被借鉴到教育领域以来,人们对其内涵的认识不断深入,相关的实践探索和研究也越来越多。从本质上来说,校本研修也是一种以行动研究理念为指导的实践活动,在内涵上两者存在其共通点,都强调"教师成为研究者",即突出教师在实践活动中的主体性地位。

（二）现代教师学习理论

1. 教师合作学习理论

教师的"合作学习"源于学生的"合作学习"。自20世纪70年代起，美国兴起了一种以生生互动为特征的"合作学习"。短短20年间，这种合作学习就传遍了全世界，后来逐渐演变为生生、师生、师师、全员等多种形式，成为许多国家普遍采用的一种富有创意和成效的教学理论。以师师互动为特征的教师合作学习主要是针对当时专业教师之间缺乏交流、各自为战的状况而提出，提倡两名或多名教师同时在课堂上进行协助，共同授课。它要求多名教师同时到课堂教学现场，共同承担授课责任，共同处理课堂事务，其显著特点是教师在课堂内直接互相帮助，相互支持。

校本研修作为教师之间的一种互助合作学习活动，不仅保留了合作备课、合作评议的师师互动合作学习形式，还突出了"合作发现问题、合作质疑问题、合作解决问题、合作提炼经验成果"等研究性合作学习的特点，突出了对教育规律的探讨和教师修养的提高。

2. 教师学习共同体理论

一般认为，教师学习共同体是教师自发在校内建立教师学习的团队组织，成员之间平等交流、相互学习，目的是促进教师的教学知识从获得、流动，到交换、更新、使用、生成，实现教师学习的程序化，并通过程序化使教师的知识体系逐渐完善。论玉玲参照对学习共同体的理解，将教师学习共同体界定为：由多个为完成共同任务或问题，并有共同的志趣、愿景、情感等精神因素的教师个体（专家、教师）共同构成的学习团体，他们通过交流、沟通、互助和合作，分享各种学习资源，利用各自优势创造有机、和谐的学习环境，为教师个体提供学习、反思的机会，从而促进教师个体专业成长。

校本研修不仅仅是解决课堂教学问题的一种研究方式，也是一种强调通过教师团队合作来提高自身素质的学习方式。因此，从这一角度来看，教师学习共同体理论也是校本研修的理论基础之一。

（三）教师专业发展理论

教师专业发展的本质是什么，这是探讨教师专业发展的核心和出发点。从教师的职业特点和发展要求来看，教师专业发展的内涵就是使教师不仅成为优秀的"学习者"，还要成为教育的"研究者"。这点可以从以下几方面来理解：首先，从专业发展的视角看，教师不仅是"教书匠"，也是"学习者"；既是"自我教育者"，也是"研究者"。其次，从"学习者"的角度而言，教师需要不断的进修学习。第三，就"自我教育者"而言，教师的进修学习不能只是被动地满足环境的需要或限于法令的规定。而应自我引导自己的专业发展，所以在一定程度上，教师专业发展就是自我教育者的"自我引导"。教师校本研修所强调的"自我反思"在本质上即是"自我引导"。

教师专业发展论认为，"教师即研究者"超越了在职进修或继续教育的观念，在某种意义上将教师专业发展的层次提高到一个新的境界。虽然并不是每个教师都可以成为"研究者"，但培养教师的研究意识、研究精神和研究态度，则是教师专业发展的基本要求之一。将"教师即学习者"和"教师即研究者"两个观念结合起来，可使教师专业发展的内涵显得更加丰富而科学。

总的来看，教师专业发展理论所关注的"教师成为研究者"、强调发挥教师的主体性，以及构建学校新文化等对于校本研修理念的形成及实践活动都产生了重要的影响。

第二节　校本研修的宗旨

校本研修的宗旨是一切为了学校，为了教学，促进教师的专业化发展。它集自主性、研究性、合作性和反思性于一体，基于教师主动寻求发展的内驱力，借助外部研究力量解决学校教育教学实际问题，是一种专业发展新理念。因此，从理论与实践调查相结合的角度对校本研修的宗旨进行探讨，对于推动学校高品质发展具有重要的理论和现实意义。

一、一切为了教学和教育

校本研修由"研"和"修"组成，两者密不可分，"研"中有"修"，"修"中有"研"。校本研修项目被业内人士普遍认为是促进教师专业发展的重要途径之一，其需以实践和学习为中心。然而笔者认为，校本研修的宗旨首先是为了教学和教育，它对于改进课堂教学和研究，促进教师专业成长，推进课程改革具有重要作用。

校本研修是实施新课程改革的重要内容，当前，许多学校都在进行有益的尝试。但有的学校所开展的校本研修活动还处在较浅显的层面，流于形式，如没有实质内容的集体备课、浅尝辄止的课堂评析等，从而造成校本研修活动徒有其名，往往收效甚微。而要解决这些问题，我们就必须要深入到教学和教育活动中，找出产生这些问题的原因，发现校本研修活动实施过程中存在的问题，分析其产生的原因，从而提出校本研修推动学校高品质发展的有效策略和建议，才能保障校本研修活动的顺利有效实施。

基于《义务教育课程方案和课程标准（2022年版）》提出的时代新人培养要求和学生核心素养培养，校本研修需聚焦学生正确价值观、必备品格和关键能力的培养。当前社会更加注重强调培养学生的沟通合作能力、创造与创新能力、批判性思维与反思能力、合作解决问题能力、社会情感能力，在新时代中小学教育高质量发展的阶段，教师校本研修应聚焦"双减"工作，进一步发挥教师的主体性与能动性，积极探索教育教学提质增效的有效路径。同时，基于数字化转型的时代背景，以问题为导向，通过创新校本研修等方式，为义务教育的优质均衡发展做出新的贡献。

校本研修虽名为"校本"，但并不鼓励学校"闭门造车"。学校可以基于自身发展需求，进一步加强校际交流，加强集团校、名校与所办分校、城乡一体化学校、学区，公立学校与私立/国际学校以及境内外不同学校之间的沟通与联系。通过加强学校之间的沟通合作，资源共享，校本研修可以为教师和学生发展提供更加丰富的多元教育资源。为落实课程改革要求，满足学生发展需求，切实推进育人方式变革，落实立德树人根本任务，校本研修需要进一步关注相关理论的前沿进展，密切关注国内教育改革的形势与动向。

新课程改革不仅要改变学生的学习方式，还将改变教师的教育教学方式和成长模式。在新课程的实施中教师将实现自身专业化的发展，同时教师的专业化发展又构成新课程实施的必要条件。新一轮的基础教育课程改革正在进一步推进，面临着诸多新问题，它对教师原有的教育观念、教学习惯、知识储备、教育方式等都提出了挑战，没有以校本研修为依托的深化和提高，学校的课程实施和教学改革将难免形式化、浅层化和庸俗化。建立以校为本的教师研修制度，将全面提升教师的研究能力和问题的解决能力，这成为素质教育和课程改革推进中的一项紧迫任务。

二、校本研修，促进教师专业化发展

教师是教育发展的根本力量，教师素质的提高和专业发展是提高教育质量的关键所在。当前，立足学校、发展学校、以学校为本的"校本研修"，已成为提高教师素质和促进教师专业发展的必然选择，成为开发和利用教师群体的行动智慧，成为促进学习型校园文化建设和学校内涵发展的重要途径。

我国从20世纪90年代开始，特别是启动新一轮基础教育课程改革以来，各级教育行政部门高度重视教师培训工作。2004年，《教育部关于进一步加强基础教育新课程师资培训工作的指导意见》(以下简称《指导意见》)明确提出要更新教师培训观念，变革培训方式，"坚持集中培训与校本研修相结合"。《指导意见》要求师范院校、教师培训机构、教育科研部门的专业研究人员和培训者深入中小学进行调研，针对广大教师在实施新课程过程中反映的具体问题，平等对话、相互讨论，与教师共同研究解决新课程实施过程中的困惑和疑难问题。同年，《教育部关于加快推进全国教师教育网络联盟计划组织实施新一轮中小学教师全员培训的意见》中进一步规定："建立校本研修制度，推进各级各类学校的学习型组织建设。加强校本研修是实施教师网联计划的基础，是现阶段开展教师全员培训的重要辅助途径。要积极创造条件建立和完善校本研修制度。"

在国家义务教育课程改革及"强师计划"的背景下，教师校本研修，成为深化教师培训精准改革、创新教师研修模式的必由之路。为贯彻落实《关于加强广东省中小学教师校本研修工作的指导意见》（粤教继〔2020〕1号）和《广东省推动基础教育高质量发展行动方案》（粤府〔2021〕55号）等文件精神，2022年11月18日，江门市加强教师校本研修工作，制定颁发了《江门市中小学教师校本研修示范学校工作指南》，要求充分发挥校本研修示范学校的示范引领作用，促进校本研修工作的开展，突出体现了教育改革的时代要求。

（一）深化教师培训供给侧改革

随着"双减"政策的出台，特别是课程、学科教学和考试招生制度改革的不断深入，一线教师对研修的需求不断增长，特别是对于解决教育教学中实际问题的需求日益凸显。广大一线教师渴望在有限或最短的时间内，满足自己的学习需求，尽快找到阻碍自己专业发展的症结，提升自身的教学实践能力，让研修效果能落实到自己的课堂教学上。

因此，在当前供给侧结构性改革的背景下，教师校本研修工作需要积极主动响应深化基础教育综合改革形势的要求，以进一步提升教师研修的成效，旨在深化教师培训供给侧改革，进一步强化和创新研修模式，尽可能地满足教师研修的需求，以有效实现教师研修的预期目标。

（二）促进教师专业化发展

教师专业发展是现代教育发展的重要趋势和必然要求，是教师个体专业走向成熟的历程，是教师不断接受新知识，增长专业能力的过程。教师要成长为一个成熟的专业人员，需要经过不断的学习与探究的历程，来丰富其专业内涵，提高其专业水平，从而达到专业成熟的境界，而自我更新的教师专业发展需要教师的自主研修。在素质教育和新课程改革不断深化的背景下，立足学校、发展学校、以校为本的"校本研修"，已经成为教师专业发展的必然选择。重新审视校本研修在教育发展中的功能和作用，进一步探索校本研修的理念内涵及其实践规律，是广大教育理论工作者和教育实践者的共同追求。同时，校本研修也为农村地区、边远地区教师的发展提供了较好的机会和发展空间。因为，校本研修以解决学校的实际问题为基准，通过达成教育目标的课程与教学研究活动，最能接近实践中对于教育本质的理解。并且，校本研修让农村和边远地区的学校和老师在解决学校面临的各种实际问题和特色性问题上更有主导权。

从建设学习型教师组织、促进教师专业发展的角度来看，校本研修可以算是最有效的培育途径之一。从教育实践来看，校本研修正成为现代学校制度建设中不可或缺的文化，并逐步有机会渗透于中小学的管理文化和管理环节之中，校本研修正成为学校和教师专业发展的重要载体。

近年来，学校高品质发展成为基础教育改革的研究重点，中小学关注内涵发展也已成为一种共同趋势。内涵发展不是靠外力推动，而是源于内部变革力量推动的一种发展，因而也就拥有了更多的创新动力。积极挖掘、利用、整合学校资源，引导学校进入新的发展境地，是学校内涵发展的重中之重。实施校本研修正是促进教师专业发展，进而实现学校高品质发展的一种有效手段。

第三节 校本研修的实施内容

校本研修作为学校助力教师专业发展的有效手段，其根本在于立足学校，以学校为场域，由学校组织实施，解决学校发展中的问题。对学校而言，校本研修要达到"务本"的目的，就需要梳理出其核心要素，立足于学校的培养目标，立足于学校发展的实际需求，立足于学校主体，以求有效实施。校本研修在具体实施的过程中，学校还要充分体现其研修的特征，发挥教师的主体作用，以学习提高为主要目的，以助推学校高品质发展为最高目标，做到资源共享、力量有效整合。这就需要明确校本研修的有效实施路径与内容策略。

一、校本研修的有效实施路径

根据多年指导推进校本研修的感悟与反思，我们认为校本研修可从以下路径着手实施。

（一）校本研修的对象，即"人"

校本研修的对象应包括两个部分：其一是组织者，按《关于加强广东省中小学教师校本研修工作的指导意见》规定，校长是校本研修的第一责任人，组织者即以校长为主的相关责任人和责任部门，负责校本研修的需求调研、方案设计与组织实施；其二是参加者，主要是本校全体教师，他们既是有个人知识基础、经验背景、思维方式、观念信念等具有个性化特征的教师个体，也是具有共同工作目标与要求及共同价值追求的教师群体。校本研修的实施，既要看到个体的"人"，也要看到群体的"人"。

（二）校本研修的场域，即"场"

校本研修的实施主要是以本校为研修基地。这样的场域至少应具备几个突出特点：其一是便于结合，即校本研修需要与本校的教育教学实际紧密结合，可以与具体的教师、具体的学生和具体的课堂相结合，直接研究解决具体的问题，且研修者都具有共同的话语体系，便于更好地沟通交流；其二是便于联合，本校场域中，可以将学校的教研、科研及各种专业活动整合在一起，有助于教师通过不同的方式研究共同的问题，也有助于各种信息的共享，使研修产生合力；其三是便于组合，即可以针对不同的问题，随时组合不同学科、不同学段教师的研修团队，有助于跨越学科局限，立足于跨学科问题的研究解决。

（三）校本研修的主题，即"题"

在实施校本研修时，我们应源于学校教育教学中的实际问题来确定研修主题，既要找准问题，又要适当提炼与表达，做到实践问题与教育教学理论的紧密结合，起到更高站位地对教师的引领作用。校本研修的"题"需要注意以下几个方面：一是现实性，即题必须是问题导向，直指本校教育教学中的具体问题，要有人物、有事件、有困扰等；二是精准性，即要在现实性的前提下，对所反映的问题进行精准表达，避免差不多或模糊不清的表述；三是专业性，即主题的形成要体现专业性，要用准确的概念或原理表达，且核心概念不宜过多，以一到两个为宜。同时，主题的表达还要充分考虑国家政策的要求和教育改革的现实。

（四）校本研修的指导专家或培训者，即"师"

"师"以本校教师为主，全体教师都"亦师亦生"。在实际操作中我们可以将不同主题下的优秀教师作为引领研修的师资，以经验分享的方式引导大家研修；针对不同主题下的一些重要理论问题或本校教师实践经验不足的情况，还可以引进外部专家力量，进行有针对性的引领与指导。实际上，在校本研修中，由本校教师承担"师"的任务，其本身也是培养锻炼教师队伍的有效手段。因为教师们在为"师"的过程中，需要进行充分的经验梳理和理论提升，以能够在同行面前有更好的展示，这个过程本身也就是教师自我提高的过程。因此，如条件允许，我们创造让本校教师在校本研修中人人为"师"的氛围，可以达到更好的研修效果。

（五）校本研修的策略与方法，即"策"

校本研修的"策"大致可分为以下几种：一是以培训为主的"策略"，即在一个相对集中的时间段，围绕特定主题进行的集中培训；二是以自主学习为主的"策略"，即围绕师德师风及教育教学规律、学生发展规律等进行的自主读书交流活动；三是以教研为主的"策略"，即学校把日常教研与校本研修结合起来,让教师们在教研中相互促进,共同提高;四是以科研为主的"策略",即以科研课题研究为引领,既可以是各级组织立项的课题研究,也可以是学校设立的课题研究,但无论哪种形式的课题立项,都应该引导教师开展有组织的科研,鼓励联合攻关,共同提高。

二、校本研修的实施内容与策略

校本研修的实施不仅仅是完善教师的教育教学理论、专业技能和教育研究,它更多地强调培养教师对于教育教学钻研的态度、信念和动机,侧重发挥教师自我专业发展的积极性和主体意识。在继承和发展校本培训、校本教研的优点之后,校本研修突破性地强调教师在培训中进行教学研究,在研究中获得专业的教师培训,从而帮助教师提高自身修养。

校本研修的提出与实施,就是为了更好地促进受培训者与培训者的沟通和双向互动,发挥受培训者的主动性,形成自觉行为下的理论指导实践、反思丰富理论的局面。校本研修的目的是要促进教师群体的发展,最终是为了促进学校发展。

(一)校本研修的实施内容

近年来,随着关于校本研修研究的不断深入,学界出现了越来越多与"校本研修"相关的研究点。其关联度最高的三个研究点"教师专业发展""课堂教学"和"高品质发展",成为当前"校本研修"的主要研究趋势。此外涉及的主题还有:教师专业成长、同伴互助、青年教师、校本教研、教学研究、专业引领等,这些研究针对不同的研究对象，在研究内容和方法上有所不同。

2019年11月，《教育部关于加强和改进新时代基础教育教研工作的意见》指出："校本教研要立足学校实际，以实施新课程新教材、探索新方法新技术、提高教师专业能力为重点，着力增强教学设计的整体性、系统化，不断提高基于课程标准的教学水平。"各学校的校本研修在实施中大多将指导学科教学，引领教师专业发展，提高教育教学质量，提升教学水平等作为实施内容。参考目前已开展的校本研修途径，从人际关系上来分，可以分为以教师个人为主的自主学习，以教师群体为主的同伴互助，还有以专家带头引领的模式。从区域上看，既有以课堂为主的教育教学专题研究，也有以学校全体教师为主的课题研究，还有校际合作研修和区域合作研修。随着信息化的发展，通过网络共享资源，交流经验的网络研修也成为备受学校和教师欢迎和瞩目的方式。从研究维度上看，还可以分为以课堂具体教学案例及问题为主的研究和以专题形式为主的研究。

1. 校本研修的基本方式

根据研修目标、任务和具体内容，校本研修可以结合区域和学校实际情况，科学设计研修类型和方式，并加以灵活运用。

常见的基本类型和方式以下几种。

基于课堂教学的研修方式有集体备课、示范观摩、听课评课、同课异教、微格教学、案例分析等。

基于专家指导的研修方式有专题讲座、案例点评、咨询诊断、交流研讨、名师工作室等。

基于同伴互助的研修方式有以老带新、结对互助、教研活动、专题沙龙、兴趣小组等。

基于校际合作的研修方式有对口支教、影子培训、项目合作、基地活动、校际结对、区域联盟等。

基于专业发展的研修方式有实践反思、技能训练、教学竞赛、专题（课题）研究、论文撰写等。

基于网络平台的研修方式有校园网站、专题论坛、主题空间、QQ群、微信群交流等。

2. 校本研修的主要内容

校本研修的内容，应当根据学校自身发展目标和教师专业发展需求，结合学校（或区域）特点，科学构建、合理设计。一般包括以下几个方面。

一是学科知识与教学技能：包括学科教学研究的最新动态与成果；课程标准和教材研究；三维教学目标的设计与实现；课程实施与课程评价；校本课程的研究与开发；课堂教学的基本组织形式与组织策略；课堂教学设计与案例研究；研究性学习及综合实践活动的理论与实践等。

二是教师成长与专业发展：包括教育法规与政策；教师职业道德；教师职业理想与专业发展规划；教师心理与情绪调控；现代教育理论；教育教学评价；现代教育技术与应用；教育科研方法；教学艺术与教学风格等。

三是教学管理与学校发展：包括学校办学思想与办学特色；学校文化建设与校风、教风、学风建设；学校发展与教师队伍建设规划；校本研修规划与方案等。

四是班级管理与学生成长：包括学生成长与身心发展；班主任工作与班集体建设；班级活动的组织与班务管理；良好师生关系的形成；学生思想工作及心理辅导；团队活动组织与管理等。

综上所述，笔者认为，校本研修实施的核心要素或关键环节是自我反思、同伴互助和专家引领，主张校长和教师直接面对自身真实的教学问题，开展思考、探索、改进教学活动，使教师由"问题"而开始"设计"。当教师在想方设法解决问题时，便开始在自己的"行动"中进行"反思"。这样就使广大教师踏上了一条由"问题—设计—行动—反思"铺设的校本研修之路。

（二）校本研修的实施策略

1. 建立一定强制性、规定性的校本研修管理制度

为了促进校本研修顺利有效开展，建立具有一定强制性、规定性的校本研修管理制度就成为必然。我们应从实际出发，有效利用现有资源，挖掘和创造潜在资源，统筹兼顾学校、学生和教师的发展，制订明确的校本研修目标和方向，合理规划，建立行之有效的管理制度，强化过程管理，以便我们及时总结和推广成果的应用，反思经验和教训，从而增加集体凝聚力和个人自我提升的能力。

2. 向外借力、向内聚力，提升教师发展的能力

要想更好地提升教师发展的能力，学校既要站在巨人的肩膀上，向外借力，又要调动教师的积极性，向内聚力。在实践中，学校可以将教育专家、各界名家请进校园，让教师们从专家的讲座报告中领略来自国内外的前沿教育理论以及发展趋势，在名师名家的引领下开展行动研究；学校还可以鼓励支持教师们走出学校，让教师们参加各种教学交流活动，在现场观摩中感受浓浓的课改气息，提高积极探索的意识，学校更要在校内积极搭建教师专业成长的平台，例如：开办名师大讲堂、建立教师学分制成长计划、青年教师成长导师制等，全面提升教

师发展的能力。

3. 用问题和课题推动教师去解决教学实践中的难题

通过梳理问题、确立课题，可以推动教师，积极主动地解决教学实践中的难题。学校在确定研究课题时，可着眼于实际需求，从教学一线确定选题，如学生出现了什么问题，集中体现了哪些问题，等等。我们可以把这些问题集中起来，以课例研究的方式和科研课题研究的范式进行整合，让教育实践中的真问题成为研究的原点。课例研究、课题研究能够让教师们达到良性循环的发展状态，逐渐增强研究意识，既积淀了理论知识，又具备了丰富的学科专业知识，更提高了根据需求进行教学设计、实施、评价、反思的能力，发展了课堂教学能力和创新能力。

4. 建立互通联动的工作站

学校依托教研组、名师工作室、工作坊开展活动，可以建立互通联动的工作站。多样化的研究形态形成促进教师发展、学生成长、课堂转型的动力群。这样的动力群在研究的过程中又会形成群动力，推动着整个教师团队的共生、成长，如教研组开展互动备课、集体备课、资源共享、课后反思，还可以打破学段、学科的限制，以共同关注的问题为核心，开展研修活动，如学段衔接工作坊、有效课堂的构建工作坊等。

5. 规范引导开展研修活动

高层次、有深度的研修活动需要引导和规范，常规性的研修活动，如备课组活动，是各学校开展的常规研修活动，但目前来看普遍缺少管理，呈现出自然生长的状态。要对备课组活动加以引导与规范，活动就要做到定时间、定地点、定内容，同时还要对备课组的活动进行监督与评价，力求实效，坚决不搞形式主义。

6. 研训一体开展校本研修

结合研训一体的特点，开展多形式、多结构、多维度的培训行动，可以优化校本研修。例如：专题培训（如暑期师德专题培训），主题培训（如基于学科核心素养的备课组"主题观课"行动）。在校本研修工作中，还可以开展定期培训和不定期培训。定期培训，如教师读书报告会和学科新课标读书报告会；不定期培训，如双长会议，即学段长和研修组长会议，其主要内容是布置校本研修的各项工作。

7. 切实开展教学反思活动

教学反思是沟通教育教学理论与教育教学实践，迅速提高教师专业水平的有效方法。教学反思能够提高教学质量，充分激发教师的教学积极性和创造性，为教师的专业发展提供机会和条件，有助于教师教育知识结构的优化重组。通过教学反思，教师可以发现教育教学实践中存在的问题，主动寻找解决问题的有效方法，对教育教学活动进行重新计划、检查、评价、控制和调节，从而提升教师的教学能力。

8. 同伴互助合作

在一个教师群体中，能出现不同的思想、观念、教学模式、教学方法的交流与冲突是非常宝贵的，有助于开展同伴互助合作。同伴互助合作的基本形式可分为交谈、协作、互助三个层次。首先，交谈。浅层次的交谈主要指交换信息和经验共享。信息和经验只有在流动中才能被激活，实现增值。深层次的交谈主要指专题讨论，在有效的专题讨论中，每个教师都能收获在单独学习中所得不到的东西。其次，协作。它主要是指教师共同承担责任完成教学研究任务，协作强调团队精神，主张群策群力，发挥每个教师的作用。最后，互助。教学经验丰富、教学成绩突出的优秀教师，可以帮助和指导新任教师，使其尽快适应角色和环境，让大家在互动、合作中成长。笔者认为，只有教师集体参与、群策群力的研究，才能真正提升学校的教育能力和解决问题的能力，才能真正推动学校高品质发展。

第四节 校本研修的三大要素

自我反思、同伴互助、专业引领是校本研修的三大要素，这三大要素的恰当组合才能使校本研修更加务实和有效。本节将逐个要素展开分析。

一、自我反思

（一）提高教师的自我反思能力是校本研修的核心力

建立教师自我反思机制，促成教师养成教育教学反思的习惯，是培养教师的反思能力，提高教师"职业素养"的重要途径。我国学者熊川武教授认为："反思性教学是教学主体借助行动研究，不断探究与解决自身和教学目的，以及教学工具等方面的问题，将'学会教学'与

'学会学习'结合起来,努力提升教学实践合理性,使自己成为学者型教师的过程。"通过回顾反思课堂教学中的成功与不足之处,借鉴教育教学理论从新的角度思考认识自己的教学行为,教师能够学会运用教育教学理论指导教学,改进教学方法,在反思中提高教育教学水平。因此,教学反思是校本研修的核心因素,它要求教师经常对自己教学中的课堂结构、教材处理、教学过程设计、教学法设计、提问和练习设计等方面进行回顾与反思。

(二)提高教师的自我反思能力对于校本研修的现实意义

两千多年前的教育家孔子曾经说过:"学而不思则罔,思而不学则殆。"这便是从学习方面提出反思在人的学习活动中的作用。一个人的学习,如果只知死记硬背,而不加以思考、消化,那他就会毫无收获。同理,一位教师,同样有必要通过多种途径对自己的教学进行反思。

首先,通过教学反思,教师能够建立科学现代的学习理念,并将理念自觉转化为学习行动。反思的目的在于增强教师自我指导、自我批评的能力,使其能冲破经验的束缚,逐步成长学会反思,不断地对教学环节诊断、纠错、创新,最终适应当今教育改革的需要。从教师的培养角度看,反思作为教学变革与创新的手段,提高课堂教学效益,实现教学最优化,不失为一条经济有效的途径。

其次,教学反思能够整体提高教师的培训质量。它不单是指向个人的,也可以指向团体,例如:教学反思中的说课、听课与评课。在团体教学观摩、教学评比、教学经验的切磋与交流中,教师作为参与者提供了自己独特的教学经验,同时也从别人的经验中有所借鉴。多种经验的对照比较,可以促使每一位教师对自己的教学进行全方位的反思,全面提高教师的教学水平,从而推动教学质量的整体提高。

最后，课堂反思使教师和学生的主体性同时得到发挥。在课堂教学中，只有当教师的主体性率先发展时，学生的主体性才能进一步充分发挥。因此，教师在课堂教学中要善于观察、反思，产生问题意识，引发研究问题的冲动，积极寻找解决问题的方法，研究问题的对策，最终达到解决问题的目的。教学反思将发展教师与发展学生相统一，不仅"照亮别人"，也"完善自己"。

二、同伴互助

（一）教师间同伴互助研修是校本研修的基本形式

教师间同伴互助研修是在基础教育课程改革背景下兴起的，以合作、探究为主要形式的教师间的互助式研修，是构建学习型学校、促进教师专业成长的基本途径，是校本研修的基本形式。

以往的教师教育模式大都是先将大量的教育理论、教育观念、教育知识和教育技能灌输给教师，要求他们先理解并记住这些抽象的、理论性的知识，然后再将其应用于教育实践。这样就把教育实践变成一种"验证教育理论"或"应用教育理论"的活动。但教育理论与教育实践之间并不是一一对应的关系，理论知识往往是单纯的、概括的、简化的，而教育实践则往往具有高度的复杂性、丰富性和情境性。只有将教育理论与教育实践紧密地结合起来，建构出具有鲜明个性特色和实践特性的个人实践理论，才能真正发挥其对教育实践的导向、规范和促进作用。教师的实践性理论是基于教师的个人经验和个性特征而建构的，镶嵌在教师日常教育教学的情境和行动中，其形成是一个逐渐积累的过程，需要教师结合实际教学情境去主动建构和反思。

教师间的同伴互助正适应这一要求：其发展的主体是教师个人和教师群体；其发展的情境是教师教学和工作的学校；其发展的指向是解决教师教学中面临的实际问题；其发展的方式是教师个体主动建构与群体合作建构的结合，是教师个人反思与合作反思的结合。

同伴互助是学校高质量发展，开展校本研修的首要条件和重要特征。教师是学校的主人，是学生学习的辅助者和促进者。通过教师间的合作学习与专业发展，一方面可以在学校中形成良好的学习风气和氛围，为学生的自主学习和学生间的互助学习形成表率；另一方面，教师间的合作学习与合作发展可以直接提高自我超越、共同愿景和团队学习的研修水平，并最终使学习型组织的心智模式和系统思考得到改善。更为重要的是，合作互助，鼓励教师围绕共同的学校目标而参与专业的交谈和对话，鼓励公开讨论，鼓励参与决策制订，鼓励质疑未被检验的假设，从而增进彼此间的了解，形成合作的教师文化，改善人际关系，并能使教师在更为广阔的视野下看待问题，做出决定，以及进行教学实践。

（二）在校本研修中开展教师间同伴互助的要点

1. 提出共同目标

合作行为首先来源于共同的目标。有合作效用的组织目标，首先应当是教师理解和明确目标；其次应当是教师从中看到自身的发展意义和价值目标；第三应是教师参与讨论和设计，有主人翁成就感的目标。组织目标效用之所以产生，是因为该目标已经被教师认可成自己的目标，并把目标实现与自身的成就感挂钩，与自身的利益挂钩。教师一旦把它们当成了自己的事，就会自觉开展合作。

2. 建立合作的制度环境

教师的劳动是个体劳动，但劳动成果又具有集体合作的特性，因此，新课程倡导的综合性以及为此实施的改革需要加强教师的合作和互助，而合作和互助必须以制度做保证。合作制度的建设有利于形成以对学生发展为目标的教师合作互助共同体。

3. 形成开放的、诚信的学校文化

开放意味着对自我的反思，也意味着对他人的理解和尊重，意味着对多样性意见和文化的认同。因此，学校应倡导诚信、鼓励诚信，建立开放、诚信、合作、互助的学校文化。在开放、诚信、合作、互助的交流中，教师团体不同的思想、方法的交流与冲突将为学校带来生机和活力。

4. 开展扎实有效、灵活多样的同伴互助活动

活动是同伴互助的载体，也是建立教师与研修目标之间联系的环节和桥梁。通过同伴互助活动，可以使教师意识到互助的价值，活动本身所伴随的情感交流、信息沟通，也有助于实现教师间的互助学习。同伴互助活动有以下三种。

经验交流。教学经验交流是教师在总结自己教学经验的基础上和其他教师分享探讨，从而促进教学经验完善的推广活动。教师间的交流是彼此教学经验获得和补充的重要途径。只有了解自身欠缺之所在，才能扩充和提高；只有了解自身教学的弊病和劣势，才能不断去改进和完善。

教学设计分享。教学设计分享即集体备课，实际上是以工作坊的方式解决教学问题，促进教师专业发展。组织教师围绕一个单元或一节

课，通过任务分工进行教学设计，交流和讨论教学设计，改进教学设计，在实践和讨论教学设计的活动中学习教学设计，以提高工作坊成员的教学设计能力。

观课、议课。通过听课或观看教学录像等形式，教师之间就观摩的情境展开研讨、分析和相互切磋，以改进教学行为，提高教学水平。围绕师生行为、支撑行为背后的教育价值理念、行为结果进行观察和讨论，并建立它们之间的联系，分析教学活动中的多种可能性，并规划和策划教育活动。通过观摩同行上课，在对同行课堂教学行为的分析、比较中，在课后与同行的切磋、商讨和互动中，教师能够身临其境地感受到与自己课堂教学不尽相同的内容安排、组织形式、教学风格等，既可学习他人的成功之处，也可分析他人的不成功之处，为自己提供经验，以免走弯路。

三、专业引领

（一）专家的理论指导与专业引领是校本研修深化发展的重要支撑

校本研修是一种理论指导下的实践性研修，理论指导与专业引领是校本研修得以深化发展的重要支撑。专业引领实质上就是理论对实践的指导，它重建理论与实践的关系，实现理论与实践之间的对话，为校本研修在既定的理论高度上提供保障。

笔者认为从以下四个方面加强专家的理论指导与专业引领。

1. 举行专题研讨会

针对教师教育教学实践中的困惑确定某一个专题举行研讨会，鼓励教师自我分析与评价，充分表达自己的问题与观点，在与专家面对面的讨论中激发思想的火花，获得新的理解与认识。

2. 邀请专家进入课堂，诊断课堂教学

专家直接深入到教学中，观察课堂中的各类活动，与教师当面交谈探讨教学问题，分析教师教学优势与不足，帮助教师改进工作。有调查称，这种用案例阐释理论、指导实践的教学现场指导形式通常是最有效的，也是最受教师欢迎的，教师需要与课堂教学相结合的引领方式。专家进入教学现场，将自己的专业知识与现实教学情境进行对接，提出有针对性的建议和意见。由于这些建议和意见融入了一线教师熟悉的教学实践情境，贴近一线教师的知识经验，因而更容易被一线教师所接受并嵌入其原有专业结构体系，从而更有效地促进其专业结构更新。

3. 加强课题研究的指导

课题研究是教师当前的弱势，学校可以请专家加强对教育科学研究的理论、方法和实施操作等方面的指导，具体表现在课题选题、申报、开题论证、过程跟踪咨询指导、搜集整理及分析归纳资料、提炼课题研究成果、撰写课题研究报告、结题评审鉴定等环节，以及促使教师学会如何发现问题、提出问题、分析问题，掌握解决问题所依据的理论知识和技术方法。此外，教师在进行课题研究的过程中常常会碰到疑难之处，这时专家作为导师的作用就会凸显。

4. 与专家合作课题研究，构建教育研究共同体

在中小学有限的课题研究中，研究力量往往局限于学校或者学科组内，这通常导致课题研究达不到一定的深度和广度。因此，学校应积极

邀请专业研究人员参与普通中小学的课题研究，或构建研究共同体，与教师团队共同研究和解决教育教学实践中的问题。

（二）校长的有效领导与专业引领是校本研修可持续高质量发展的内生力量

校本研修的深入持续发展，离不开校长有效的领导行为。但在校本研修活动过程中，校长的有效领导和专业引领行为势必会左右校本研修的可持续高质量发展。

1. 明确自己的专业引领者身份和职责

校长在校本研修活动中，要明确自己的专业引领者身份和职责。从理论假设而言，校长既具有丰富的实践教育教学经验，又具有领先于基层教师的教育教学理念和学习能力，拥有成为专业引领者得天独厚的条件和优势，能体现理论与实践的恰当结合，更能有效地在校本研修活动中引领教师的专业发展。因此校本研修应充分挖掘和利用校长这一校内宝贵资源。

校长在具体规划本校校本研修活动时，首先应明确自身的专业引领角色和职责：校长是校本研修的校内专业引领者，必须履行专业引领者的职责。即必须做到两个"必须"和五个"善于"。

两个"必须"：校长必须成为校本研修活动的专业引领者；校长必须主持和真正参与本校的课题研究。

五个"善于"：善于思，要立足课堂实践，对新课程的教学、教研多思考，不断改进教研方式，促进教师教学方式的转变；善于听，要经常深入课堂听课，倾听教师对课改的意见和建议；善于说，应该具有较高的理论素养和专业水平，经常给学校教师做专题讲座，努力使自己成为校本研修的培训者和校本研修的专业引领者；善于评，应该深刻理解新课程的基本理念，善于运用新课程的基本理念评价教师的教育教学行为，要研读学科课程标准，用课程标准来评析教师的课堂教学和说课；善于写，要善于总结经验，提炼经验，把自己对新课程改革的认识、体验、感悟写出来并与同伴交流，并作为校本研修的资源，从而引领本校教师进行课堂教育教学改革。

2. 在同伴互助中扮演适当角色

在"校本研修"活动过程中，同伴互助是促使教师走向专业化的基本途径。其形式多种多样，如帮扶式的同伴互助，即利用学校的骨干教师帮扶新教师，老教师帮扶新教师；灵活且不受限制的谈话式同伴互助；制度化的研讨式和专业理论互助探讨式同伴互助；合作研究式的同伴互助等。校长天然归属于教师群体，也应理所当然地参与校本研修过程中的"同伴互助"活动，并需要在不同的互助活动中扮演适当的角色。

如在同伴互助式的教师读书活动中，校长身为校内的专业引领者，应首先发挥理论优势，为教师指引读书路径，如可通过自身对教育改革研究前沿问题的熟悉程度帮助教师确定读书类型，这时校长在同伴互助活动中扮演的是"先知者"的角色，相当于"三人行必有我师"中的"师"者。而在由教师从自身教学实践问题出发、自行选择书目进行阅读的集体读书活动中，校长扮演的角色则更多的是"参与者"与"推动者"。

又如，在创设教学案例的同伴互助活动中，在"选择问题——分析问题（教师自我反思）——撰写案例——提交案例初稿段同伴讨论——完善案例（教师自我再反思）——评价、展示案例"的循环过程中，校长既是专业引领者和指导者，又是教师同伴促进者和互助者。

当然，无论是哪种形式的同伴互助活动，校长都是该活动制度上的建设者和顺利执行的保障者。具体操作过程中，校长需要在制度上规范各种同伴互助活动的定期开展，同时也需要在时间、人力和财力等各方面提供必要的支持。需要指出的是，在不同的同伴互助活动中，校长应该自觉扮演适当的角色，然而在现实操作过程中，很多校长总会有意无意地利用自身的权力、身份优势，主导或控制同伴互助的过程，致使活动过程变质为"行政训导""行政会议"等形式，失去其对教师专业发展的积极功用。

对于教师而言，无论是专家的专业引领，还是同伴的互助，都是教师专业发展外在的促动因素，对其专业发展起决定作用的最终是其自身，教师的自主反思至关重要。这一结论同样适用于校长，尤其是在校长相关能力、观念和行为都尚存缺陷的情况下，校长更应身先示范，不断对自我的观念、能力和行为进行反思，创设平等、民主的氛围，营造终身学习的文化氛围，引发教师自觉、主动地追随校长并进行不断地反思和学习。教师的自主反思形式有多种，如撰写案例、写反思札记、观摩公开课、观看自己的教学录像、建立教师自我评价体系和教师成长档案等。对于校长而言，可采用撰写反思札记、建立校长自我评价体系和成长档案袋的方式，这些方式将有效地促进校长不断地进行自我反思，既可以直观地反映一位校长的专业成长历程及其水平，也可以给予校长主动寻求专业发展的积极暗示与鼓励。

教师可以在不断的自我测评和反观、审视自身成长档案袋当中逐步明确如何制订适合自身未来发展的"专业发展规划"，这对于校长同样适用。

但值得一提的是，通过不断的自我测评和对自己成长档案袋的反观、审视，校长不仅能够逐步明确适合自身未来发展的"专业发展规划"，更能逐步明确适合自己所领导的学校、学生以及教师未来发展的"发展规划"。由此可见，自我反思对于校长实现专业引领的重要性，它堪称校长发挥专业引领作用的"诤友"。

第二章
校本研修的"圭小模式"：构建"三研一体"

百年大计，教育为本；教育大计，教师为本；教师发展，研修为本。2023年是全面贯彻党的二十大精神的开局之年，是实施"十四五"规划承前启后的关键一年。顺应教育综合改革形势的要求，助力学校高质量发展、推动专业化创新型教师队伍建设，在新发展阶段，校本研修无疑将为教师的培养、名师的孵化、个人的成长与团队的发展注入源源不断的高质量发展创新动力。

江门市新会圭峰小学校本研修以"幸福教育"办学理念为指导，从教师的专业发展入手，构筑"三研一体"校本研修体系，以解决问题为导向，以教师专业成长为根本，形成"研教、研学、研训"一体化、立体式推进的校本研修体系。

第一节 "三研一体"的研修路径

一、"三研一体"的内涵与模式解读

圭峰小学的校本研修体系以解决问题为导向,以教师专业成长为根本,形成"研教、研学、研训"一体化、立体式推进的校本研修体系(见图2-1)。

何为"三研一体"?"三研"的切入点在"研教",通过课例展示聚焦教学问题,以教促研开展教研活动;"三研"的着力点在"研学",通过理论学习化研为学,引发思想交流与思维碰撞;"三研"的落脚点在"研训",把校本研修作为一种培训模式推进,最终指向教师的专业发展。"三研一体"注重每个教师的个体差异,注重教师教育经验的总结和提高,注重教师专业兴趣的培养和专业能

图2-1 "三研一体"模式示意图

力的发展，解决教师在教育实践和课题研究中遇到的问题，提高教师提出问题、分析问题和解决问题的能力。

（一）教研一体

"教研一体"模式是指以中小学日常教研中真实问题的诊断和解决为驱动，将教研组、备课组全体教师（甚至全校的同科教师）构建为一个整体，以日常教研活动为载体，以解决这些真实问题、满足教师工作需求和业务提高为宗旨，将研修融入日常教研之中，以教师群体的共同发展为直接目的的教研模式。

这种教研模式具有三个基本特点，即以问题解决作为驱动力；以教师发展共同体为基本活动单位；活动可持续进行、螺旋式上升。

首先，以问题解决作为驱动力。中小学日常教学工作繁忙紧张，任务重、时间少的工作特点决定了大部分教师的发展必须与其日常工作融为一体，因而尊重中小学教师内在的学习需求是诱发他们产生学习动机的源泉。以解决亟待解决的教学问题作为驱动可以很好地实现"在解决问题中学习提高，在提高中实现个体发展"的目的。

其次，以教师发展共同体为基本活动单位。教师发展共同体是将教师个体的发展与群体的发展融合在一起，与以平等姿态参与其中的专家共同组成，旨在促进教师主动发展的研究团体。它不仅让教师群体相互分享个体的经验，也使个人价值在群体中得到认同，从而达到教师专业发展的目的。将教师"绑在一起"共同发展，正是教研一体新模式所追求的基本目标之一。

最后，活动可持续进行、螺旋式上升。这种模式的起点是解决亟待解决的教学问题，伴随活动结束，更重要的是发现了新问题。要解决新问题，教师发展共同体需要做出相应调整，不断改善相关环境和条件，并在问题解决中发现新问题，如此循环。

"教研一体"是典型的"基于实践的理论研究"，是在中小学教育教学实践、行动研究和及时提炼总结中形成的，其突出特点为：起点低，根植于中小学日常的学科教研活动；落脚点高，着眼于学科教师群体的全面、快速发展。教学与教研相伴，专业地支撑了各学科教学的内涵建设。

（二）研学一体

"研学一体"模式是指以促进教师发展为核心，以教育科研为先导，以课堂教学为主阵地，立足课堂教学研究，认真贯彻落实学科核心素养，开展集实践、研究、培训于一体的教学研修。研学一体能够聚焦教学关键问题，探索素养导向的教改实践路径，让各学科教师构建学习小团队研讨学习，深度理解学科本质，聚焦单元教学的实践要素，开展选择单元主题、确定单元目标、设计学习活动的系列研讨和教学实践，初步形成深度学习的学科教学案例，逐步提高对单元教学的认识和理解。

在研学一体的驱动下，各学科聚焦深度学习教学的关键环节，调研分析教师教学实际情况，梳理提炼教学改进关键问题，深入课堂开展行动研究。研学一体不应仅停留在学习研究阶段，而应全面深入常态实施，推进教学与教研的一体化实践。我们鼓励教师将深度学习理念融入常态课堂教学。各学科可以将深度学习教学改进案例与学科教研课程进行一体化设计和实施，教研主题聚焦核心素养导向的深度学习教学策略，教研内容围绕深度学习教学实践模型各要素逐层展开，教研形式体现众筹众研、多方互动。研学一体为多层级、立体化开展教师培训提供示范和引领。

以各学科大单元教学为例,研学一体模式能够帮助教师的教学从"内容单元"到"学习单元",通过深度学习深入理解单元教学的价值及内涵,以单元的视角来备课、上课。"内容单元"是单纯站在课程内容组合的角度教学,单元的本质内涵是学生的"学习单元",强调学生在教师的引领下,围绕具有挑战性的学习任务,通过学生和教师、学生和学生、学生和环境之间深入互动,经历相对完整的学科认识活动或问题解决过程,进而实现相应学科核心素养的进阶发展。这样的突破对于教师来说,仅仅通过文献查阅、听讲座是难以深入理解的,必须亲身经历单元教学核心问题及其解决过程才有可能实现。这些核心问题包括:如何将课程标准中要求的学科核心素养具体化为单元学习目标?哪些课程内容能够促进素养发展的单元学习目标的达成?学生要经历什么样的挑战性任务才能够实现目标?如何对学生学习过程中的目标达成情况进行评价?教师只有通过不断地经历、反思这样的教学,才能真正理解"单元"是素养导向的课程实施基本单位,是学生学科素养发展目标落实的基本单位,从更系统和全局的站位来思考教学,并逐步落实在日常的教学中。

在研学一体模式实施过程中,各学科的教师团队通过研发教学课例起到示范和引领作用。当学科教学实践增多、课例增加,我们引入研学一体模式,鼓励教师深入常态课堂开展课例研究,对核心内容逐个突破,由点到面,逐渐深化和拓展单元教学的实践经验。这些实践有利于教师整体理解深度学习的要义,把握实施的关键。在课例研究过程中,以学科课程标准中要求的核心内容为切入点,以两个基本问题"学科核心知识的素养发展价值是什么""如何通过单元教学实现核心知识的素养发展价值"为驱动任务,针对重要的课程内容,开展多轮次单元教学设计和实施的持续改进。在每一轮改进中,教师对研学一体的关注点不同，解决的教学关键问题也不相同；因此，每一轮改进都有其独特价值，都能够加深团队对研学一体内涵的理解，丰富相应的教学策略。

素养导向的学习目标、引领性学习主题、挑战性学习任务、学习评价是单元教学的四个核心要素。从主题确立、目标细化和分解，到任务的设计，再到评价方案的制订，教师在单元教学中要保证四个要素的一致性，深入思考和挖掘具体学科课程内容的学生核心素养发展价值，思考学科核心素养与关键能力内涵及外在表现、水平划分及评价指标等。圭峰小学将深度学习理论融入实践，提炼出学科教学策略体系，引领全校学科教师持续跟进，在"研教、研学、研训"一体化、立体式推进的校本研修体系的实践推广中发挥了重要的示范作用。

（三）研训一体

"研训一体"模式强调资源的整合，将教育教学研究与培训融为一体，研中有训，训中有研。近年来，针对"研训一体"开展的研究很多，圭峰小学在对全国各地"研训一体"成果进行全面梳理的基础上，围绕"打造名师、培育骨干、提升整体、均衡发展"的思路，把"研教、研学、研训"有机融合，以解决问题为导向，以教师专业成长为根本来探索实施"研训一体"模式。

"研训一体"模式的实施原则是：以教师为中心、深入调研、构建科学的评价体系、整合培训模式、以科研为先导。此模式的实施策略是：互动、反思、互助、参与、信息化培训手段的应用、教研网络的构建，继而从组织模式、教学模式两方面对实施过程进行剖析。"研训一体"模式对于教师专业发展具有促进作用，具体体现在专业知识、专业技能、专业心理素质等方面，尤其对于促进教师反思，提高科研能力方面发挥了重要作用。制约"研训一体"模式的因素如体制上的制约，导致教师评价体系的改革不够彻底，科研在教师专业发展中的作用未能充分发挥等，我们将提出具有针对性的解决思路，为此模式的进一步推广与实施提供借鉴。

二、"三研一体"校本研修的路径措施

（一）构建"一模式"："三三三"研修

圭峰小学立足课堂教学，依托学科组建设，以构建"开放・活力・高效"课堂为目标，以学科组、智囊团和工作室为载体，形成具有校本特色的"三三三"研修模式。具体而言，第一个"三"是指突出"锻炼—打造—成就"三个层次，青年教师突出基本教学常规的培训和教学基本功的训练，骨干教师突出教学能力的打磨和教学风格的提炼，教学名师突出示范引领和辐射带动作用。第二个"三"是指针对"学科理论学习、学科素养发展、教学能力训练"三项内容，通过建立学科教研制度和集体备课制度，形成"自主备课—集体议课—学科组研课"三级备课、研课体系。第三个"三"是指用好"岗位练兵、外出培训、备战赛课"三种形式，形成校本研修从输入到输出，从理论到实践，从校内到校外的立体化建构体系。

（二）夯实"二建设"：校园环境硬件建设、校本课程研发建设

校本研修的组织开展，既需要校园环境和场室的硬件支撑，又需要校本课程研发的软件支撑。校园环境与设施、设备，如图书、阅览室、实验电教室、计算机、网络、多媒体、学校设施环境等，这些构成了

学校育人的物化环境。学校设施、设备的添置及环境的改善，关键是为实现教育目标服务，要符合教育发展的要求，有利于学生的身心和谐发展，有利于学生的培养和成长，有利于优雅、健康、文明、向上的学习氛围的创设。

1. 优化场室硬件建设

为了便于开展不同规模、不同形式的校本研修活动，圭峰小学对现有的功能场室进行了个性化设计和升级改造，并按照场室的功能定位分别安装录播系统、LED显示屏、一体机等设备、设施。各功能场室实行专人管理，各尽其用：学术报告厅用于举办大型的教学教研活动、多媒体教室用于举行学科组每周的常规教研活动；试教课室用于各类比赛课、展示课、探索课、送教课的试教；职工之家用于备课组教研和智囊团备战。

2. 强化校本课程建设

课程是学校教育教学的基础，是教师教和学生学的主要对象和依据。校本课程建设和管理赋予了学校在培养学生的创新精神和实践能力上极大的责任和一定的自主权，是提高教师教学水平和队伍成长的重要保证。我们认为，校本课程的开发，校本教材的编写，既属于课程构建的范畴，也属于校本研修的领域，可锻炼和培养教师的教材解读能力、课程整合能力、信息技术运用能力，是其他校本研修形式不可替代的。因此，我们把校本课程建设定位为校本研修的重要形式和重要组成部分。

为了保证校本课程建设工作的有效开展，圭峰小学成立了校本课程建设领导小组，建立老、中、青年教师相结合的校本培训机构。结合学校具体实际，认真贯彻国家课程改革精神，深化改革，以人的全面发展和社会发展的需求为根本出发点，加大教育创新力度，全面贯彻国家教育方针，全面推进和落实素质教育，把宝贵的科学精神和丰富的人文关怀和谐地统一起来，制订了《课程改革方案》，初步探索出富有幸福教育特色的校本课程。

在校本课程建设方面，我们坚持"学校统筹，自主开发，自上而下，遍地开花"的思路和原则，鼓励和发动有志于校本课程开发的教师参与进来，提供活动场室，给予经费支持，邀请专家指导，建构课程体系。圭峰小学校本课程的内容选择和组织主要围绕以下四方面：

（1）学生与自然的关系；

（2）学生与他人和社会的关系；

（3）学生与文化的关系；

（4）学生与自我的关系。

同时，学校将研究性学习作为校本课程建设的重点，强调兼顾以解决学科问题和以提高解决实际问题能力为逻辑主线的社会问题研究性课程两大方面内容，将这些不同类型的课程细化成"课程菜单"，并对各类课程的内容选择、课程实施和组织有明确的规定，同时对负责组织的教师或部门提出了相应的要求。

学校根据现有的条件，制订了《课程改革方案》，在充分挖掘各种课程资源的基础上，制订了《校本课程实施指南》，构建并形成了"九大课程""七大社团""五大节日"的生态课程体系，实现校本活动课程常态化。例如：学校成立文学社、陶艺社等特色社团，并编写了《小学生古文诵读80篇》《小学生经典诵读选编》等校本教材，创办学生作文期刊《幸福花开》，信息技术学科组还开发出基于STEM教育的人工智能系列课程。在二年级开展每周一节的"走班制"课程试验。在校本课程建设实施过程中，担任课程建设的教师得到了锻炼与成长，打开了校本课程建设与教师专业成长的双赢局面。

（三）推进"三工程"：青蓝、名师、智囊团

2018年1月出台的《中共中央 国务院关于全面深化新时代教师队伍建设改革的意见》提出：要加强师德师风建设，不断提升教师专业素质能力，引领教师争做"四有"好教师，"四个引路人"。基于此，圭峰小学在幸福教育文化的引领下，推进"青蓝工程""名师工程""智囊团工程"，加强教师队伍成长，实施教师成长工程建设，构建校本研修带动教师成长的发展体系，不断提升教师的教育教学能力。

1. 落实"青蓝工程"

年轻教师要迅速成长，需要进行专项培养和系统打磨，全方位给他们铺路子、出点子、压担子、搭台子。圭峰小学采取了一系列有效措施：一是以"师徒结对，以老带新"的形式开展"青蓝工程"，实施一对一"传、帮、带、引"辅导。二是推行"首席教师"制度，以首席教师的专业引领，示范指导，手把手带动本年级本学科青年教师开展教学教研。三是实行"巡课+听课+评课"推门听课制度，全面听课，个别指导，实现与新教师上课的无缝对接。四是对新入职（含调入）三年内的教师实施"一周一培训"的培训方针，立足教学实际，聚焦教学现象，让受训教师看得见，学得会，用得着。

2. 助推"名师工程"

圭峰小学"名师工程"以名师工作室为平台展开。继2021年5月冯家传名校长工作室、胡务娟名师工作室的启动后，现已初步形成工作室建设的层级体系（省级2个、市级4个、区级2个、镇级6个）。各级工作室通过上下联动，内外互动，承办各类跟岗培训、专题研讨、校际

交流、互联互访，邀请各级专家名师、学科教研员进校指导，引导骨干教师把教学实践提升到学术研究的高度，实现从教学型名师走向研究型名师的提升之路。

3. 启动"智囊团工程"

比赛促研是最有效的校本研训方式之一，比赛能够锻炼教师、快速提升教师的教学素养。圭峰小学完善"赛课+智囊团"的高级教研模式，发挥智囊团的学科学术指导作用，以赛课为契机开展种子教师选拔和精品课例研磨活动。通过以集体智慧打造精品课例，圭峰小学着力培养青年教师，通过赛课促进校本教研，带动团队教研能力提升，实现教师抱团发展，形成"一人赛课带动学科组集体教研"的良好教研氛围。

（四）搭建"四平台"："岗位练兵、培训学习、比赛展示、名师引领"

1. 岗位练兵平台

校本研修的首要任务就是提升教师的师德修养和专业素养，夯实教师的教学基本功。圭峰小学立足岗位练兵，落实常规训练，做到"四个坚持"：坚持开展学科教学能手比赛；坚持开展粉笔字"一周一评展"；坚持开展学科考卷命题比赛；坚持开展期末教学基本功展示活动。

2. 培训学习平台

在新课程背景下，培训成为教师的必然需要和迫切要求。圭峰小学立足本校，借助外力，不断拓展外出学习新渠道，创新外出学习的新形式，对青年教师、骨干教师、教学名师进行有层次、有深度的培训，激发教师在课程改革中个人专业发展的动力。学校还落实外出学习撰写心得体会制度和交流分享制度，要求凡外出学习的教师都要上交一份不少于1000字的有质量的学习心得，凡参加大型教学研讨会的教师要在教研活动上做专题学习汇报。

3. 比赛展示平台

圭峰小学通过"智囊团"全力为教师备战，主动把教师推出去，让他们在各种比赛、展示的舞台上成长、成熟，走向名师之路。学校还充分发挥"牵线搭桥"作用，特别是通过名师工作室这个平台，让学科名师有用武之地，有展示舞台；通过教育集团，启动"名师大讲堂"活动，以城乡交流来促进集团教师互动，形成"千帆竞发，百舸争流"的良好局面。

4. 名师引领平台

圭峰小学通过"搭平台，请大师"，承办高端的教学观摩研讨活动，把本市、本省乃至全国的专家名师、名师工作室主持人、教研员请进学校，让教师们领略大师的教学风采，与名家零距离开展交流、教研。近年来，我们先后承办了全国"真语文"五周年理论与实践成果展示活动、广东省第十二届青年教师教学论坛、广东省小学数学教学设计优秀作品展示交流研讨活动、江门市新课程改革观摩研讨活动等多项高规格、高层次的大型课改研讨和学术交流会。

三、校本研修的实施成效

教师发展，研修为本。圭峰小学以幸福教育办学理念为指导，立足于学校的办学实际，从教师的专业发展入手开展校本研修以来，围绕"打造名师、培育骨干、提升整体、均衡发展"的思路，坚持"两个结合"（教学与科研相结合，理论与实践相结合），落实"三研一体"（教研一体、研学一体、研训一体），建构了"一模式、二建设、三工程、四平台"的校本研修体系，描绘出"一三五十"教师发展蓝图（一年站稳讲台，三年成为经验型教师，五年成为教研型教师，十年向名师行列迈进），在促进教师团队专业发展和培养学科骨干名师方面，取得了长足发展和可喜成绩。

学校的高质量建设取得了长足发展。圭峰小学先后荣获广东省基础教育校（园）本教研基地项目、广东省中小学教师校本研修示范学校、广东省中小学教师信息技术应用能力提升工程示范学校、广东省优质基础教育集团培育对象、广东省基础教育学科教研基地项目基地学校（江门市小学数学、江门市小学英语）、江门市小学阶段协同教育质量先进学校。

学科教研组建设成绩斐然：在江门市星级教研组评比活动中，圭峰小学语文教研组、数学教研组、艺术教研组、科学教研组均被评为"江门市示范学科组"，英语学科组被评为"江门市先进学科组"，语文学科组在2022年被评为江门市首批"十佳教研组"。

校本研修为教师的培养、名师的孵化、个人的成长与团队的发展注入源源不断的强劲动力：解决教师职业倦怠和发展瓶颈问题，增强教师发展活力，全面提升教书育人的满足感、成就感和幸福感，让教师专业发展全速迈上快车道。

四、校本研修的未来设想

2023年是全面贯彻党的二十大精神的开局之年，是实施"十四五"规划承前启后的关键一年。"强师计划"是建设高质量专业化创新型教师队伍的关键。在新时代基础教育高质量发展阶段，校本研修已经成为学校办学发展的重要组成部分。教师校本研修须进一步聚焦教师队伍建设以及学生发展亟须解决的问题，围绕教育改革的重难点问题，持续设计系统的、长期跟进的研修内容与课程；注重教师专业学习方式的多元性，将自主学习、教研活动与同伴互助、名师引领、课例/课题研究等方式有机结合，共同促进教师成长。与此同时，为进一步完善学校治理，校本研修规划设计应凸显本校的特色发展需要，为教师学习与发展创设良好的组织情境与文化氛围，助力教师积极探索教育教学提质增效的有效路径，为基础教育高质量发展做出新的更大贡献。

圭峰小学接下来的校本研修工作将积极主动响应教育综合改革形势要求，进一步提升教师研修的成效，进一步聚焦学生发展与学生核心素养培育，致力于培育学生正确的价值观、必备品格和关键能力；积极回应课程改革要求，深化落实"双减"政策；关注理论前沿、教育改革动向及开拓国际视野；强调教师自主学习，提升教师学习的内驱力；基于数字化转型创新研修方式，关注视频案例、人工智能等教育技术革新，探寻创新性校本研修学习方式，进一步探索高质量教师培训的有效路径。

在未来的校本研修工作中，圭峰小学将重点从以下方面着力推进。

1. 立足校本，激发校本教研的活力

校本研修必须立足校本，面向教师，聚焦发展。当前，圭峰小学在编教师179人，平均年龄39岁，50岁以上教师15人，30岁以下教师不到10人。30~45岁的教师是我校教师队伍的主力军，占教师总人数的80%。随着学校的进一步发展，教师队伍的年龄结构也将随之发生变化，教师职业倦怠现象将愈加凸显。要进一步提高校本研修的实效性，激发教师发展活力，我们必须在"校本"上着力：一是通过"化整为零"，落实"备课组—学科组—教研组"三级教研体系；二是通过"研训一体"，把"教"引向"研"，把"学"导向"训"，让教研活动与教师培训深度融合；三是通过"赛课带动"，进一步把学科教学比赛与培养骨干教师、锻造核心智囊团、打磨精品课例捆绑在一起，以赛课打磨来推进主题教研、深度教研。

2. 突出示范，擦亮示范教研组品牌

校本研修要落到实处，必须以教研组为依托，通过组织开展教研活动来推进。目前，圭峰小学拥有4个市级示范教研组（语文、数学、科学、艺术），1个市级先进教研组（英语），是推进校本研修的有力资源和力量。我们充分利用五大学科教研组的品牌优势，借力市、区两级教育科学研究院和教师发展中心的教研力量，指导和引领校本教研活动纵深发展，继而提升校本研修的高度和质量。此外，我们还借助示范教研组和先进教研组的品牌影响力，走出学校，走向乡镇；走出江门，走向广东，开展跨地区的校际大型教研活动。

3. 扩大影响，拓展专家工作室张力

专家工作室的引领和带动在开展校本研修的过程中具有不可替代的优势。圭峰小学充分发挥两个省级名校长、名师工作室在校本研修中的杠杆作用，横向拓展校本研修的发展空间，一方面把省内各地区优秀的研修资源和师资力量引进学校，让更多教师不用走出学校就能享受更高层次、更高质量的学习培训机会；另一方面把学校好的研修经验推广出去，通过省级工作室的平台，引导在赛课中成长起来的骨干教师在研修中承担主讲，把骨干教师从纯粹的课堂教学中解放出来，从而使专题研究变为骨干教师的自觉行为，实现从赛课型名师向研究型、学术型名师过渡。

五、面向未来，植入"互联网+"思想

随着信息技术的快速发展，我们已进入"互联网+"时代，互联网与社会各行各业的融合更加紧密，也更加开放共享，这使得教师专业发展有了新的内涵。校本研修中的教师专业发展更加注重教师信息素养的提升，教师主体意识和能力的培养，以及教师终身学习及合作学习能力的提升。

在2020年初，因新冠疫情影响而开展线上教学期间，圭峰小学就通过"钉钉"平台，开展了线上备课、线上教研、优课录播等教研形式的积极探索和大胆尝试，也取得了一定的成效。《义务教育语文课程标准（2022年版）》提出：要勇于面对课程实施过程中遇到的新问题和新挑战，要不断提升信息素养，合理利用网络资源。基于当代信息技术环境背景而"开展"的"互联网+校本研修"实践研究，使传统的校本研修方法进一步与新兴信息技术相结合，是圭峰小学在推进校本教学培训模式研究进程中正在探索的面向未来的教育主题。

"互联网+"校本研修，缩短了教师成长的周期，拓宽了教师成长的途径，丰富了教师成长的内容。首先，它具有教学内容跨时空、信息量跨度大等教育特点，能为全校教师自主学习，开展个性化技能学习辅导提供更好的培训环境；其次，它具有传播信息、共享资源的功能，可以为教师提供相互学习和协商的交流空间；最后，它具有数据收集、分析、统计和存储功能，可以为校本研修提供客观地评估。

（一）搭建支持体系，保障前提条件

网络环境可以为互动式的校本研修中心的长远发展目标提供各种前提条件。除了有组织机构保证之外，以下网络支持和条件保障也必不可少。

1. 制度保障

圭峰小学制订了相关制度，规范校本研修信息化数据管理。主要措施为：校本研修任务与实践科研教育主题相结合，将教师培训课程的设置、培训教学目标、课程研究培训任务、授课学时质量要求、听课数量、出勤率等指标量化调整为"校本研修"学习数据，从而建立健全校本研修信息化数据管理制度。

2. 硬件支持

首先，学校不仅要有良好的信息化硬件设备保障，还要为校内所有学科教师提供各种学习及电子资料并有组织地提供学习或研究实验场地。其次，学校要定期组织网络师资教育和科研培训，还可外聘有关高校计算机教学或软件学院的专家、讲师开展信息化教学培训。

（二）搭建研修交流平台，实现研究成果互动交流共享

"互联网+"使校本研修工作不再局限于某一个固定的教学时间和工作地点，教师可以随时随地开展在线互动学习培训，实现对校本研修工作资源和知识的全面共享。此外，学校同时为每位教师免费搭建了多个远程网络化教育研究培训平台。

1. 教师论坛

为了创造良好稳定的校本研修交流氛围，圭峰小学在校园网站首

页开设的教师论坛，成了各学科教师进一步探索和积累教育教学实际经验、锻炼教师教学写作、突出教师个人思想特色、交流教研思想、碰撞灵感的共享空间。论坛分为英语教学课题与研究小组、数学教育与理论研究小组、语文教学设计与案例研究小组以及德育论坛等多个板块。在小组开展论坛讨论时，教师可以主动围绕自己当前和小组中的某个研究热点、主题观点进行交流、讨论、学习，还可以通过主动研究他人的主题进行对话互动和交流讨论，吸收和重构相关主题知识，从而积累丰富主题知识。此外，教师之间还可以根据本组论坛上的研究观点进行讨论、研究。

2. 网上评课空间

传统教育的课堂交流大多是教师面对面来进行互动的。由于课堂教学时间距离和教学空间大小的因素限制，传统的教师课堂互动评价交流方式都是老师发言，发言点到即止，互动面很小，教师发表的教学意见往往很难获得充分表达。很多授课教师往往不主动提要求，甚至很少有人提出负面教育意见。然而，在网络环境中，每个人都可以参与并表达自己的观点。

它可以极大克服课堂时间和学习空间的种种限制，使接受评价的授课教师有较宽裕的教学时间和思考。并且，课堂教学评分也具有更多样的意见和更高的评价质量。

网上评课空间是"互联网+"校本研修的又一学习交流互动平台，在研修工作中起到了良性的主导作用，让每一位主动参与工作的教师都能在互联网的积极互动气氛中寻求个性发展。

当前，5G、云计算、人工智能、大数据分析、物联网等新技术不断成熟发展，大量智能化设备走进校园，以智能技术为代表的各种新技术打开了教育信息化的广阔前景。信息技术赋能学科教学，借助信息技术增强学生主体的技能、知识、经验与意识，增强学科课堂组织的教育功能，从而帮助教师解决在传统课堂上难以满足学生发展需要的问题。校本研修更应基于当前教育数字化转型，关注学习分析、人工智能等技术革新，探索创新性校本研修的有效路径。

我们将以成功申报广东省中小学教师信息技术应用能力提升工程示范学校为契机，把"互联网+"模式引入校本研修，加强对网络研修模式的探索，认真总结线上教学和线上教研的经验做法，将其升级、改善、迁移运用到校本网络研修中。同时，我们将进一步加强对网络研修模式的探索，加大对优课制作、备课导学案、主题教研、专题讲座录播和制作的投入，充实和丰富校本研修的教育资源库，使校本研修从场室走向网络。

第二节　构建一个模式："三三三"研修

圭峰小学立足课堂教学，依托学科组建设，以"自我反思、同伴互助、专业引领"为核心要素，以"学科组""智囊团"和"工作室"为活动载体，形成"教研、研学、研训"一体的"三三三"校本研修模式。

"三三三"校本研修模式，即"突出三个层次，针对三项内容，用好三种形式"。突出三个层次，是指将教师队伍分为青年教师、骨干教师、教学名师三个梯队，有针对性地进行分层培养：锻炼青年教师、打造骨干教师、成就教学名师；针对三项内容，是指校本研修的三个内容模块，结合圭峰小学实际划分为学科理论学习、学科素养发展、教学能力训练三项研修内容；用好三种形式，是指校本研修的实操形式，从校内锻炼到外出培训、比赛备战，形成校本研修从输入到输出，从理论到实践，从校内到校外的立体化建构体系。

下面结合圭峰小学的实践进行阐述。

（一）教师队伍分层、分类、分组培训：突出三个层次

教师队伍建设是学校提高教育教学质量，走可持续发展、品牌发展之路的核心与保障。教师队伍中不同年龄段的教师，由于专业发展特征不同，其培养措施也就不同。

圭峰小学积极探索分层培养教师的工作策略，按照教师的教龄、专业素养及可塑性、影响力，把全体教师大致划分为青年教师、骨干教师、教学名师三个梯队，有针对性地进行分层、分类、分组培训，努力激发各梯队教师的专业发展激情，整体推进教师队伍建设。青年教师的培养定位为"锻炼"，突出基本教学的常规培训和教学基本功的训练，主要通过学校开展的"师徒结对"制度、推门听课制度来落实。骨干教师的培养定位为"打造"，突出教学能力的打磨和教学风格的提炼，主要通过选拔教师参加教学比赛和承担教学展示，让其在课例打磨中快速成长。教学名师的培养定位为"成就"，突出其示范引领和辐射带动的作用，通过牵线搭台，帮助其树立学术权威和名师引领地位。

（二）涵盖学科理论、学科素养、教学能力：针对三项内容

选择针对性较强的研修内容能够提高实效性，更好地促进校本研修的高质量专业化发展。校本研修内容的确立和选择要具有实用性和针对性，要适应教师知识的最近发展区和教学技能经验，分内容、分模块逐步开展。我们把校本研修分解为三项内容：学科理论学习、学科素养发展、教学能力训练。三项内容有机渗透，整体落实，具体如下。

1. 学科理论学习与素养发展

圭峰小学首先建立学科教研制度和集体备课制度，每周开设固定的学科组教研活动时间（周一为艺术，周二为英语，周三为语文，周四为

数学，周五为科学），一节固定的集体备课时间（由各年级学科备课组长确定落实），形成"自主备课—集体议课—学科组研课"三级备课、研课的常态化校本教研模式。各学科组狠抓教研风气，每次集体备课做到有中心、有内容，提倡"一课一反馈，一课有一得"。如语文学科组每次教研活动都抽查教师的基本技能，还深入开展专题教研、主题论坛、微课微评等新形式的教研活动，纵深推进教与研的方式转变，促使教师们相互学习、主动研讨、共同进步。

2. 课题研究带动教学能力训练

圭峰小学建立课题申报推送制度和论文撰写评选制度，以课题研究带动教学能力的训练提高，让课题研究和论文撰写成为教师教学能力训练提高的标配。如数学学科组以"带题授课"和"案例研究"的方式组织教研活动，引领教师带着课题在课堂教学中进行实践与探索，通过专题训练、专题献课、专题研讨、专题总结等系列活动，加强分析与研讨。他们还把吴正宪、刘德武、黄爱华等名师的案例带进科研活动中来，在多种不同形式的案例研究中，加深对数学本质的理解，增长教学经验，获得专业成长。

（三）校内锻炼、外出培训、比赛备战：用好三种形式。

圭峰小学通过搭建校内锻炼舞台，拓展外出培训渠道，组织教学比赛备战等，构建从输入到输出，从理论到实践，从校内到校外的立体化校本研修体系，该体系资源共享、平台丰富、形式多样、反思深刻，有效地促进了"研究创新、合作奉献"教师行为文化的形成，从而生动地演绎出"引领+研究+展评+交流+合作"的校本研修活动。

1. 搭建校内锻炼舞台

通过开展教学展示、基本功训练、命题比赛、专题汇报、主题沙龙等研修形式，圭峰小学让每一位教师都有登台的机会，都有展示的机会，都有锻炼的机会。

2. 拓展外出培训渠道

圭峰小学大力支持和组织教师参加不同层次、不同学科、不同形式的学习培训，让教师们走出校门受培训，睁开眼睛看课改，打开思路搞教研。

3. 组织教学比赛备战

备战赛课是有深度、有实效的行动研修，也是能在最短的时间内更新教师的教学观念，夯实教师的教学素养，提升教师的教学能力的教研形式。无论是对于参赛者还是陪跑者，无论是对于智囊团还是后备军，比赛备战使他们都受益匪浅。

第三节 夯实两项建设

"工欲善其事，必先利其器。"校本研修的组织开展首先要实现平台载体等软硬件的建设，既需要校园环境和场室的硬件支撑，又需要校本课程研发的软件支撑，使校本研修的高质量发展成为可能。

一、优化场室硬件建设

为便于开展不同规模、不同形式的校本研修活动,圭峰小学以"个性设计,升级改造;专人管理,各尽其用"为建设思路,升级改造现有场室硬件设施,使其具备支持教学教研活动的条件。圭峰小学先后对学术报告厅、多媒体教室、试教课教室、职工之家等现有的功能场室进行个性设计和升级改造,按照场室的功能定位分别安装录播系统、LED展示屏、一体机等设备、设施,各功能场室实行专人管理,各尽其用。

1. 学术报告厅

学术报告厅用于举办大型的教学教研活动。自投入使用以来,圭峰小学举办、承办多场大型教学教研活动,使学术交流活动的场次、频次逐渐增加,提升了教研学术交流的氛围,为我校教师们特别是青年教师提供了开眼界、长见识的机会。

2. 多媒体教室

多媒体教室用于举行学科组每周的常规教研活动。圭峰小学有多间多媒体教室,按需分配给各学科组使用,按学校要求每周开展常规教研活动,让学科教研常态化。实践证明,多频次、高密度、常态化的学科教研活动,对于学科校本研修的高质量发展非常重要。短短三年以来,圭峰小学语文组、数学组等各学科组的校本研修结出了累累硕果,教师队伍的学术能力与水平、学科素养和教学能力得到了整体提升。

3. 试教课教室

试教课教室用于各类比赛课、展示课、探索课、送教课的试教。圭峰小学设置多间试教课教室，为各学科教师参加教学比赛、教学展示，甚至教研探索磨课、送教课等提供了极大的方便。

二、强化校本课程软件建设

校本课程属于课程构建的范畴。校本课程的建设和创新是提高教师教学水平和促进队伍成长的重要保证，也是校本研修的重要体现，对于锻炼培养教师的教材解读能力、课程整合能力、信息技术运用能力十分重要，是其他校本研修形式不可替代的。

圭峰小学把校本课程建设定位为夯实"二建设"的又一重要支撑，成立了以冯家传校长为组长的校本课程建设领导小组，坚持"学校统筹，自主开发，自上而下，遍地开花"的思路和原则，鼓励和发动有志于校本课程开发的教师参与进来，提供活动场室，给予经费支持，邀请专家指导，建构课程体系，初步探索出富有幸福教育特色的校本课程。

（一）校本课程体系整体设计与构建

以加强新时代教师队伍建设、落实立德树人根本任务为目标，圭峰小学结合校本研修整体设计，以服务教师发展和学校质量提升为中心，引领教师自主学习、自主提升、自主发展，根据现有的条件制订《学校课程改革方案》，在充分挖掘各种课程资源的基础上制订《校本课程实施指南》。

校本课程的内容选择和组织主要围绕四个方面：

（1）学生与自然的关系；

（2）学生与他人和社会的关系；

（3）学生与文化的关系；

（4）学生与自我的关系。

经过一段时间的构建和实施，圭峰小学形成了"九大课程""七大社团""五大节日"的生态校本课程体系，实现校本活动课程常态化实施，让校本课程实践成为日常教学的常态，而并非临时性的教学活动。实施常态化教学活动，有利于校本课程实践的发挥和积累效果。校本课程实践应该具有可持续性，不断服务于教学，不断完善自身。实践中，教师可能面临的问题是忙于日常教学，缺乏时间和精力去开展校本课程实践。因此，圭峰小学制订完善的课程开发安排，统筹安排教师时间和任务，将课程实践融入日常教学，增加课程实践的可持续性，听取教师和学生的反馈，加强课程实践的改进和完善，使得校本课程实践更好地服务于学校教育教学的发展。

（二）校本课程体系围绕校本研修的建设思路

在校本课程研发建设中，圭峰小学强调兼顾学科研究性课程和社会研究性课程。学科研究性课程以解决学科问题为研究主题，社会研究性课程以提高解决实际问题能力为逻辑主线，再将这些不同类型的课程打乱组合，搭建成立体化"课程菜单"，使其更适于教学实施。学校对各类课程的内容选择、课程实施和组织都做了明确的规定，并对负责组织的教师或部门提出了相应的要求。

1. 将研究性学习作为校本课程建设的重点

圭峰小学在校本课程研发建设中，强调兼顾以解决学科问题为研究主题的学科问题研究性课程和以提高解决实际问题能力为逻辑主线的社会问题研究性课程两方面内容，将这些不同类型的课程细化成"课程菜单",并对各类课程的内容选择、课程实施和组织有明确的规定,同时对负责组织的教师或部门提出了相应的要求。

2.通过常态化实施让校本课程与校本研修深度融合

圭峰小学的校本课程是基于学生经验和实际的课程,它的宗旨是学生全员、全程参与。校本课程的常态化实施以学生的发展为出发点,着眼于学生的基础、立足于学生的兴趣,一切从实际出发,致力于学生的体验和能力的锻炼,而并非因为课程的发展、教师的发展和学校的发展而存在。因此,我们在具体实施过程中、在资源的具体利用中将校本课程与校本研修深度融合,通过校本教研对教师进行校本课程的专题研修,使每位教师既能实施学科课程,又能实施校本课程;使每一位教师都能像教自己的学科一样得心应手地开展校本课程的实施。

第四节　推动"三项工程"

在校本研修活动中,我们鼓励教师针对教学实践中的问题开展教学研究,重视不同学科教师的交流与研讨,建设有利于引导教师创造性实施课程的环境,强调培养教师对教育教学研究的积极态度、坚定的信念和内在动力,侧重发挥教师自我专业发展的积极性和主体意识,使课程的实施过程成为教师专业成长的过程,激发教师的创新精神和自主发展意识,推动教师不断成长和进步。

圭峰小学校本研修推动"三项工程"的建设和发展，对于教师队伍的专业发展具有重要意义：首先，教师成长工程建设能够引发教师的领悟和反思。教师在教学实践中及时反思自己的教学行为，从中领悟教学方法，提高其教学能力。其次，"三项工程"的推进和开展有助于培养教师的课程设计能力。在校本研修带动教师成长的发展体系下，教师能够更加主动、积极地探究、思考设计课程，基于实际学情、教学策略等，从多种角度分析课堂教学过程中可能出现的各项问题，并有针对性地进行教学设计，使其更好地适应实际教学需要，使课堂更高效，学生能够当堂将课程的知识吸收和转化。这样就实现了学生和教师的共同成长。最后，通过专业研究人员与教师合作共建、相互学习、相互依存、互惠共享，学校在教师队伍中建设专家团队，形成以课程、教学、教研为中心的研究、指导、服务职能一体化。

下面逐项阐述三项工程的开展、推进与落实。

一、落实"青蓝工程"

助推年轻教师的迅速成长，实现"一年站稳讲台，三年成为经验型教师，五年成为教研型教师，十年向名师行列迈进"的跨越式发展，圭峰小学多管齐下创新校本研修形式，进行专项培养和系统打磨，通过启动"青蓝工程"，全方位给青年教师铺路子、出点子、压担子、搭台子。

1. 实施师徒结对制度

圭峰小学立足于师徒结对制度和校本教研制度，以"师徒结对，以老带新"形式开展"青蓝工程"。各学科以"一对一"的方式挑选骨干教师与新教师结对，组建成长共同体，通过落实"师徒结对听课制度"

和"师徒结对评比制度",开展师徒结对互相推门听课,结对磨课,同课同构,实施一对一的"传、帮、带、引"辅导。我们坚持落实徒弟"先听课,后上课"的课堂教学结对模式,师傅基本做到手把手备课,点对点对接,面对面指导。各年级备课组坚持开展常规集体备课,用心指导新教师梳理教学知识,上好合格的常态课。

2.落实推门听课制度

推门听课制度是倒逼青年教师成长的检查制度、指导制度和评价制度。圭峰小学实行"巡课+听课+评课"的推门听课制度,全面听课,个别指导,基本实现与新教师上课的无缝对接,做到"有听课、有点评、有指导、有示范",全方位帮助新教师站稳讲台。

3.推进"321工程"培训

"321工程"是圭峰小学针对新入职和新调入三年内的教师而开设的专项集中培训制度。"321工程"由政教处和教导处合作组织,坚持师德培训与专业培训两手抓,选拔优秀骨干教师组建新教师培训讲师团,实现"一周一培训"。学校在学期初即制订培训计划,定好主题,选好导师,落实考勤,确保每一次培训出干货,有实效。培训内容涉及教育管理、课堂教学、专业素养的方方面面,包括班级管理、课堂教学、家校沟通、班级文化、阅读分享、品德修养等。培训要求立足教学实际,聚焦教学现象,以教学实例、教学故事来引入和展开,让受训教师看得见,学得会,用得着。

二、助推"名师工程"

圭峰小学在积极开展校本研修探索的同时,加强师资队伍建设,助推"名师工程"。在校本教研上我们的基本思路是：培养名师，实现自身造血，比引进名师的价值和意义更大。圭峰小学充分发挥本校名师的"传帮带"作用，构建专家引领，名牌教师、骨干教师、年轻教师层级递进、共同提高的教师自培体系，通过学校搭台子、名师指路子、师徒结对子，推动全体教师的专业发展，促进学校教育的可持续发展。

1."名师工程"成果显著

圭峰小学高度重视教师队伍建设，"名师工程"以名师工作室为平台展开，领航学校教师队伍发展，打造一支业务精湛、爱岗敬业、朝气蓬勃的教师队伍，使之成为带动全校发展的中流砥柱。

"十年树木，百年树人。"圭峰小学要求教师入职后，争取做到"三年站稳讲台，五年成为骨干，十年成为名师"。具体来讲，入职三年以内的青年教师，要研究教材教法，掌握教学技能，熟练驾驭课堂教学，在讲台上站稳脚跟；工作三年以上、五年以内的青年教师，则要进一步提升教学能力，独立进行科研探究，有一定的课改精神和创新能力，成长为校级骨干教师，形成个人教学风格；工作五年以上、十年左右的教师要参加各级各类教学比赛，主持或参与区级以上课题研究，并撰写一定水平的科研论文，编写校本课程，成长为市级骨干教师或市级学科带头人，形成个人教学主张。

在落实立德树人根本任务、打造新时代科研型教师群体的思想指导下，圭峰小学还构建了一套多元化的带教激励机制，将定量评价与定性激励有机结合，激励教师自觉主动地开展带教工作，保障带教工作持久而稳定有序地运行。

随着2021年5月圭峰小学广东省冯家传名校长工作室、广东省胡务娟名教师工作室的启动，圭峰小学已初步形成了学校名师工作室建设的立体化体系（省级2个、市级4个、区级2个、镇级6个）。各级工作室通过上下联动，内外互动，承办各类跟岗培训、专题研讨、校际交流、互联互访活动。圭峰小学邀请各级专家名师、学科教研员进校指导，为骨干教师搭台展示教学，承担专题讲座，引导骨干教师把教学实践提升到学术研究的高度，并最终实现从教学型名师走向研究型名师。

2. 青年教师飞速成长

圭峰小学助力年轻教师成长，在名师工作室研修带教方面，学校重视骨干教师和名师的示范引领作用，采用名师"大手拉小手"的方式，带着青年教师进行教科研创新。学校成立校级学科名师工作室来培养青年教师，每个名师工作室由1名领衔名师、5~10名工作室核心成员和10~25名研修学习人员（工作未满6年的青年教师）组成，工作室成员长期跟踪青年教师成长过程，定期约谈青年教师，为青年教师诊断教学、纠正偏差、答疑解惑，并开展主题研讨。圭峰小学周文斌、区锦超、周敬川、冯艺红、刘齐欢、梁柏腾、谢郁清、曾志华、何佩玲等多位在赛课中成长起来的骨干教师，通过工作室的牵线搭台，在省内外各类教学研讨活动和工作室跟岗活动中执教示范课，主讲专题讲座，专业素养、科研能力和学术水平得到了极大的提高。

三、启动"智囊团工程"

比赛是最能锻炼教师、快速提升教师教学素养的舞台，以赛促研是最有效的校本研训方式之一。圭峰小学"智囊团工程"因赛课机制而启动，是把青年教师引向比赛舞台，走向成熟的助推器。圭峰小学以校级学科智囊团为主体，由骨干教师专业引领，完善"赛课+智囊团"的高级教研模式，发挥智囊团学科学术指导中心的作用，以赛课为契机开展种子选拔和课例研磨，以集体智慧打造精品课例，磨炼青年教师，以点带面，组织教师积极参加区级各类评选活动，促进教师专业成长。

圭峰小学建立新教师专业成长规划方案，多方式促进其站稳课堂，立足课堂，个性发展，继而通过赛课促进校本教研，历练团队发展，通过个人赛课带动团队教研能力的提升，实现教师的抱团发展，"赛课+智囊团"高级教研模式：以集体智慧打造精品课例，磨炼青年教师，从而促进校本教研，历练团队，从而形成"一人赛课带动学科组集体教研"的良好教研氛围。

第五节　搭建"四个平台"

一、岗位练兵平台

校本研修的首要任务是提升教师的师德修养和专业素养，夯实教师的教学基本功。教师的专业素养和教学基本功的提升，不能只是纸上谈兵，必须有实招，讲实战。圭峰小学立足岗位练兵，以"四个坚持开展、落实常规训练"为练兵原则，落实校本研修，提高教师队伍整体学科素养。

（一）坚持开展学科教学能手比赛

教师要实现专业发展，一定要上课，上出风格，上出个性。圭峰小学的教研活动从课堂切入，在"研磨"上做文章，在"锻炼"处下功夫，重点抓好三种课型：新师型探索课（学科组），经验型展示课（年级备课组），骨干型比赛课（全校）。通过扩大参与面，调动积极性，我们以探索课、能手课、展示课、公开课等形式开展学科教研活动，让教师们上公开课成为常态，让每一位新教师都有"磨刀"的机会，让骨干教师"利剑出鞘"，让老教师"宝刀未老"。目前，我校各学科组每学期基本上做到不低于40%的教师参与教学能手比赛锻炼。

（二）创新校本教研形式

圭峰小学还深入探索专题教研、主题论坛、微课微评等新形式的教研活动，纵深推进教与研方式的转变。为强化教研实效，我校各学科组大胆创新实践：语文学科组采取抽签现场评课形式，倒逼每位教师认真听课，主动交流，获得锻炼机会；数学学科组能手课通过年级内部同课异构，让每位教师都参与到备课、试教、磨课环节中来，最后由获胜教师出赛，力求教研过程和展示结果的最优化。

（三）坚持开展粉笔字"一周一评展"

圭峰小学为每位教师配备一块练字小黑板，在右上角贴上姓名，专人专用，落实教师基本功常态化训练。我校还开展全校教师粉笔字书写

"一周一展评"活动，开展检查、评比。评比结果用美篇制作公布、展示，让广大家长和师生、同行赏评互鉴。

（四）坚持开展学科考卷命题比赛

命题能力在一定程度上代表着教学能力，一份优秀的命题，既能体现教师对教材知识点的全面把握，又能体现教师对教学检测和教学评价的精准把控，有助于老师明确教学方向，把"怎么教"和"怎么考"有机结合起来。因此，我们把每一次的命题训练当作一次学科的深度研修，开展学科命题比赛。此外，我校教导处还组织各学科组搜集和研究不同地区、不同年度的试题，展开学习、交流、讨论，把握不同地方的命题特点、难易比例，并最终形成学校的试题资源库。

（五）坚持开展期末教学基本功展示活动

圭峰小学坚持开展教学基本功展示活动，把教师迎春文艺晚会与教学基本功检阅与展示有机结合起来，在每学年第一学期开展教师"一口话、两手字"教学基本功比赛，在第二学期开展班主任技能比赛。通过组织比赛，为老师们搭台，让平时的训练成果有机会得到检阅和展示，同时也为各项教学比赛选拔苗子。

由于教师基本功抓得实、抓得到位，圭峰小学的教师们在各类基本功教学比赛中收获了喜人成绩。梁柏腾、郭广龙、谢郁清三位老师先后代表江门市参加广东省第六届、第七届、第八届小学语文青年教师素养大赛，梁柏腾老师以第二名获得特等奖，郭广龙老师和谢郁清老师均获得一等奖；梁柏腾、郭广龙两位老师还参加了2016年全国"真语文"教师基本功大赛，均闯进总决赛，获得小学组综合类一等奖；

曾志华、谢郁清两位青年教师参加2017年全国"真语文"传统文化素养大赛并闯进总决赛，获得文言文朗诵、默写古诗词、讲古代传统文化故事等多个项目的一等奖。

二、培训学习平台

在新课程背景下，培训成为教师的必然需要和迫切要求。强化培训学习，也是改变教师职业倦怠状态，提升教师队伍发展活力的有效途径之一。

圭峰小学把为教师提供优质的培训学习机会作为一项基本福利，以"重点培养，全面兼顾"为原则，立足本校，借助外力，完善教师学习培训机制，落实教师培训经费专款专用，不断拓展外出学习新渠道，创新外出学习的新形式，对青年教师、骨干教师、教学名师进行有层次、有深度的培训，让教师在课程改革中找到个人专业发展的动力和获得幸福的能力。近三年来，我校派出老师参加跨区培训学习超过600人次，几乎每一位老师都有两次以上的外出培训机会。

我校还落实外出学习撰写心得体会制度和交流汇报制度，要求凡是外出学习的老师都要上交一份不少于1000字高质量的学习心得，凡是参加大型教学研讨会的老师回来都要在教研活动上做专题学习汇报。曾有人问我："你在教师培训上投入那么多精力去培养老师，如果老师成长后调走或离职怎么办？"我回答说："如果不培训不培养，他不成长，他不走怎么办？"在全员培训、全员发展的机制刺激下，教师的专业发展已然由被动走向主动和自觉，专业发展动力与职业倦怠此长彼消，呈现良性发展。

培训学习为教师们的教学带来了新思维，更新了教师的教育教学观念，丰富了教师的知识储备，为校本教研带来了新活力。近年来，圭峰小学在校本教研活动中，积极引进了主题论坛、微课微评等新形式的教研活动，纵深推进了教与研方式的转变。在这个基础上，只要学校搭建一个发展的平台，创造一个展示的机会，老师们就会蓄势而起，蓄力而发，专业发展由成长期迈向成熟期，在公开课、探索课、展示课、比赛课中努力实践课改新理念，创造出一个又一个成功课例。

三、比赛展示平台

比赛展示锻炼是快速提升教师教学素养的途径之一。比赛展示平台，影响的不是一个人，而是整个备战团队；完善的不是一堂课，而是整个校本教研体系。圭峰小学努力为教师搭台，通过"智囊团"全力为教师备战，让学科名师走得更远。当前，圭峰小学拥有超过30名市、区两级教学名师和学科带头人。学校充分发挥"牵线搭桥"作用，特别是通过名师工作室这个平台，让学科名师都有用武之地，有展示的舞台。

圭峰小学还通过教育集团，启动"名师大讲堂"活动，以城乡交流来促进集团教师互动。我们每学期派出语文、数学、英语三大学科骨干教师，在9—12月份到5所成员学校开展教学展示交流活动，并与成员学校开展学科主题教研活动，举办"名师大讲堂"活动。2022年度圭峰小学先后分12批次共派出34位骨干教师，执教教学展示课22节，承担专题讲座12场。

通过搭建比赛、展示平台，圭峰小学胡务娟、周文斌、冯艺红、梁柏腾、区锦超、郭广龙、钟瑞贞、冯倩霞、刘齐欢、叶超良、胡晓立、杨海容等一批教师先后走上广东省乃至全国的教学比赛舞台成为名师，有人还受邀到省内外教学研讨活动中执教研讨课、展示课等。

四、名师引领平台

圭峰小学通过承办高端的教学观摩研讨活动，把本市、本省乃至全国的专家名师、名师工作室主持人、教研员请进圭峰小学授课、做报告、开展主题研讨等，为教师们搭建名师引领平台。

近年来，我们先后承办了2015年广东省第十二届青年教师教学论坛、2017年全国"真语文"五周年理论与实践成果展示活动、2018年广东省小学数学教学设计优秀作品展示交流研讨活动、2018年江门市新课程改革观摩研讨活动、2018年江门市校长论坛、2020年新会区会城街道新课程"面对面"研讨活动等多项高规格、高层次的大型课改研讨和学术交流会，将柳斌、王旭明、贾志敏、吴忠豪、汤贞敏、王土荣、张赛琴、黄爱华、鲍银霞、杨建国、陈德兵、王丽华、孙建锋等一大批全国名师专家请进学校，让老师们不用走出学校也能领略到大师的教学风采，与名家零距离开展交流、教研。我们还把前教育部发言人、原语文出版社社长王旭明倡导的"双线教学"理念引进学校，扎实有效地开展课改探索和校本试验。

在"一模式、二建设、三工程、四平台"校本研修体系的助推下，圭峰小学各学科骨干教师成长迅速，发展迅猛。自2015年以来，有多位教师被评为省、市、区各级教学名师和名师培养对象，实现了个人专业发展的大跨越。其中，我本人被评定为新一轮广东省名校长工作室主持人，胡务娟副校长被评定为广东省名教师工作室主持人；我本人被选入广东省中小学"百千万人才培养工程"（结业时被评为优秀学员），区锦超老师被选为广东省中小学"百千万人才培养工程"名教师培养对象。目前，学校现有广东省特级教师1人，广东省骨干教师培养对象12人；市级教育专家、名校长、名师工作室主持人、学科带头人、兼职教研员等19人；区级名教师工作室主持人、名教师、名班主任、学科带头人、兼职教研员等36人。我校先后有60多位教师获区级及以上教学赛课一、二等奖，12位教师获省级及以上一等奖，学校也先后荣获广东省基础教育校（园）本教研基地项目、广东省中小学教师校本研修示范学校、广东省中小学教师信息技术应用能力提升工程示范学校等殊荣。

第六节 以"三聚焦"，提升"三能力"

本节以圭峰小学语文学科组为例阐述学科组校本教研的实施特色。该学科组共有75名教师，是一支具有协作精神、创新意识的教研团队，一直认真开展校本研修活动，以"三聚焦"，提升"三能力"，努力打造开放、活力、高效的幸福课堂。

一、聚焦"课堂教学"，提升"教学能力"

课堂是教师的主战场，教学能力是教师核心能力之首，抓住了课堂，就成功了一半。通过各种途径来帮助教师提升课堂教学能力，是语文学科组工作的核心。我校语文学科组始终立足于课堂，探索提升教师专业成长的新路子。

（一）常态研修，有序开展

1. 研讨课制度化

为了提高教师的课堂教学能力，我们要求每位教师每学年上一节研讨课。活动以各个年级的备课组为单位，每次安排两节课的时间，一节课进行教学展示，一节课进行研讨、交流。这样的活动，被称为"微团队教研"。微团队教研以年级组为单位，活动中，以"问题"引路，真正实现"教师提出问题，教师研讨问题，教师解决问题"，促进组内教师的交流，让每一位教师真正动起来。

2. 观摩课专题化

观摩课是由语文学科组根据教学中的疑难问题、教学热点问题来确定研讨主题，开展主题式教研的活动。每个学期、每个年级段学校都会制订一个研讨主题，比如：高年级写作素材积累的专题研讨；中年级"课堂小练笔"的专题研讨；低年级如何提高识字能力的主题研讨；双减形势下高效课堂的构建；等等。

确定研讨主题后，备课组集体磨课研讨，发挥备课组力量打磨一堂课，并进行校级展示，展示后再进行主题式研讨，围绕教学主问题，探讨更为有效的教学方法，使教师在活动中成长，提升课堂教学能力。我们把这样的教研称为"会诊式教研"。

3. 推门课常态化

圭峰小学每年都会有新教师加入，如何帮助新教师早日站稳讲台，这也是我们的工作重点。从2015年开始，我校将"推门课"常态化。每个星期，校长、教导处主任、学科组长、年级组长和备课组长至少会有一次推门听课，对新教师的课堂教学进行多对一或一对一的"把脉、诊断"。在这样的听课指导中，我们能够帮助新教师快速发现问题，找准方向，尽快成长、成熟。

（二）搭建平台，促进提升

为了帮助教师更快、更好地成长，我们还搭建了各类平台，助推专业发展。

1."名校长工作室""名教师工作室"——助推骨干教师专业发展

近年来，圭峰小学以"广东省冯家传名校长工作室""广东省胡务娟名教师工作室"等平台为载体，不断完善骨干教师的培养机制。工作室导师有国家级的知名教授，也有省市级的教育专家。

语文学科组积极选派骨干教师参加"工作室"活动。在名师的引领下，老师们学习更前沿的教学理念，掌握更先进的教学方法，提高自身的专业素养。近几年来，语文学科组多位教师成长为各级名师。

2."青蓝工程"助力青年教师专业成长

为了促进青年教师成长，学校每年都会组织青年教师与老教师结对。通过结对帮扶，使青年教师更快地提升自己。同时，也使老教师与青年教师教学相长，实现"双赢"。因为"青蓝工程"，语文学科组的青年教师迅速成长，在各级各类教学比赛中，均取得了令人瞩目的成绩。

3. "学校搭台"——架构教师成长大舞台

为了让更多的教师能有"登台亮相"的机会，我校每学期都会主动承办市、区级各类教学研讨、教学展示活动。语文学科组教师们积极参加活动。每年都有多人次在国家级、省市区级的舞台亮相。

二、聚焦"教育科研"，提高"科研能力"

（一）倡导学习，夯"科研之基"

"问渠那得清如许？为有源头活水来。"教师只有时时学习、处处学习，才能跟上时代的步伐。因此，我们要求语文学科组的教师们有计划、有目的地学习。

（1）学习"内容多元化"。教师们要制订读书计划，做好读书笔记，撰写读书心得，努力提升理论水平。《语文教学通讯》《小学语文教师》是教师们争相阅读的杂志；名师课堂实录、语文大咖等各类讲座是教师们追捧的目标。

（2）学习"途径多样化"。语文学科组采取自学与集中培训相结合、书籍阅读与网络阅读相结合的方式开展学习。其中，集中学习要做到定时间、定地点、定内容、定主讲人。

（3）学习"时间经常化"。每周四上午是语文学科备课组的集中学习时间，我们主要采取定期学习和自主学习相结合的方式，教师们或进行专题学习，或进行集体备课，一起研讨，共同进步。

（二）课题研究，促"科研之能"

教研活动开展得扎实有效，再加上教师们自身的努力，语文学科组取得了显著的科研业绩，各项课题顺利完成，并取得累累硕果。

近3年来，语文学科组共有国家级课题2个，省级课题1个，市级课题3个，区级课题5个。不同的专题研究，聚焦不同的教学问题，促进了课堂转型升级。

（三）论文撰写，秀"科研之果"

在论文撰写方面，语文学科组的教师们善于学思结合，思行统一，积极地将教学中的所做、所思形成论文、案例等。每学年的省、市、区级论文评比，语文学科组的教师们屡屡获奖。

三、聚焦"课程建设"，提升"课程能力"

新时代的教师，不仅要有过硬的课堂教学能力，还要具备课程开发的意识与能力。

（一）学科研究，创课程特色

圭峰小学发挥教师的资源优势，根据语文学科的特点，积极探索，大胆实践，努力形成叫得响、拿得出的学科特色。

比如书香节活动。书香节活动是以阅读为抓手，进行课外阅读指导的专项活动。教师们结合年级实际，开展丰富多彩的活动。例如：一年级的识字游园会，二年级的书签制作比赛，三年级的读书手抄报制作比赛，四年级的好书推荐，五年级的课本剧表演，六年级的辩论赛。还有全校性的活动，如好书共享活动、读书论坛活动、国学小达人比赛、"我是朗读者"比赛等。丰富的活动进一步深化了语文课程改革，突出了语文学科的人文性与工具性，培养了学生良好的语文素养。

（二）课程研究，开发校本课程

语文学科组根据学生的认知规律，着眼于学生的发展，还共同编撰了一套"中华经典文化"校本教材（一年级《三字经》，二年级《弟子规》，三年级《笠翁对韵》，四年级《千字文》，五年级《增广贤文》和《小古文80篇》，六年级《论语选读》），开展一系列的校本课程，促进经典诵读常态化、规范化。我们还开设"晨诵、午读、经典课"。晨诵，无论哪一门学科进行早读，都要先进行10分钟的经典诵读。让琅琅的经典之声唤醒沉睡了一个晚上的校园，让琅琅的经典之声浸润每一位师生的心灵；午读，经过半天的学习，午读经典能振作每一个孩子的精神，下午能更好地学习；经典课，老师们根据本年级的经典诵读内容，开展经典课例的研究与展示。优秀课例还作为语文学科组的观摩课，达到互相学习，共同进步的目的。

第七节　擘画"一座统建"蓝图，打造新型教学共同体

从"根"上提升区域基础教育质量水平，要靠教育优质均衡。圭峰小学一方面以高质量高标准构建"横纵式"校本研修格局（"横"即是示范学校与帮扶学校横向做优，实现内部教师水平"高度"一致；"纵"

即是示范学校与帮扶学校形成共同体，纵向做强，实现整体师资"优质"呈现）；另一方面，放大示范学校的辐射效应，办好结对帮扶学校，促进区域教育均衡发展，打通优质教育资源供给的"主动脉"，形成具有广东特色的校本研修模式。

一、指导思想和目标

（一）指导思想

为贯彻落实《中共广东省委 广东省人民政府关于全面深化新时代教师队伍建设改革的实施意见》和《关于加强广东省中小学教师校本研修工作的指导意见》文件精神，圭峰小学以"一座统建"为蓝图，以"126N"研修模式为契机，充分发挥校本研修示范学校的示范引领作用，将管理、培训、教研、科研等工作全面整合，务本求实、从实际中来到实际中去，增强校本研修的针对性和实效性，夯筑"四域"成"一体"的研修高地。

（二）培养目标

圭峰小学的校本研修以打造一批"师德好、业务精、能力强、善创新"的新时代教师为宗旨，以培养机制为动力，以研修活动为载体，以校际交流研讨为平台，有针对性、实效性地开展活动。学校围绕"打造名师、培育骨干、提升整体、均衡发展"的思路，坚持"两个结合"（教学与科研相结合，理论与实践相结合），落实"三研一体"（教研一体、研学一体、研训一体），形成有效的校本研修体系。

二、主要任务

圭峰小学校本研修,是在广东省中小学教师校本研修项目中心的指导下,围绕"优质师资"面临的个性和共性问题开展的合作研修。"一座统建"是圭峰小学校本研修的夯筑蓝图。即依托"学科共融、质量共建、资源共享、平台互联、师资互动、教研一体"的发展模式,以质量提升为核心,围绕管理、教学两大环节,通过"126N"研修模式,实施示范校、帮扶校全过程教学质量管理,打造新型教学共同体,形成各校可持续发展的有效机制。

(一)厘清研修模式

(1)"1",即一个生态圈。我们通过制度共建,实施管理、教学常规顶层设计,制订科学、规范的管理、教学制度,自上而下把管理、教学章程具体化、可操作化,形成具有鲜明研修特色的教学生态,引领"四域一体"高品质发展。

(2)"2",即两大基座。我们建设"管理""教学"两大跟岗基座,通过夯实四大平台(岗位练兵平台、管理培训平台、骨干引领平台、技能展示平台),助推各学科骨干教师成长迅速,发展有力,实现个人专业发展的大跨越。

(3)"6",即六条渠道。我们通过六大渠道扩充学习资源,一是赋予管理骨干"新平台",二是铸就管理骨干"新风范",三是聚焦教研改革"新发展",四是探寻教师培训"新路径",五是助推素养提升"新里程",六是打造课堂教学"新天地"。

(4)"N",即N个活动场景。按照三年计划,我们制订每学年两大主题的研修目标,每年两周期,共为6周期,每周期共20位"对子"

(示范校和帮扶校各5位管理骨干和5位教学骨干)。并依据需求拓展多个应用场景,如举办"名师大讲堂",搭建校内锻炼舞台,拓展外出培训渠道,组织教学比赛备战,以及专题讲座、研讨沙龙等。

(二)落实具体措施

1. 精心培养,共建管理骨干"新平台"

(1)明确目标。在校本研修的引领下,圭峰小学培养了一批有教育思想,有办学理念,懂得教育教学管理,有高品质教育教学水平的优秀骨干教师。

(2)对子互结。作为示范校,我们每周期共有10位教师与帮扶校结成互助帮扶对子,每学年至少开展4次专题研讨交流活动,创新研讨交流模式,比如报告会、教学管理论坛、课题培训、教学专题讲座、网络研讨等,带动各帮扶学校全面提升教学水平。

(3)协同研修。我们建立"云端结对平台",采用线上线下两相结合模式,由互助帮扶对子轮流撰写研修报告(含研修内容、研修收获等)。

2. 示范引领,共建管理骨干"新风范"

(1)提高宏观思维能力。以示范校骨干教师为责任人,与帮扶校骨干教师共同制订培养方案,指导帮扶校骨干教师制订职业发展规划,规定双方职责及义务等,使帮扶校骨干教师能根据社会的客观需要、教育的客观规律、教学的客观基础、课堂的客观条件确定教学方法。

(2)提高科学决策能力。圭峰小学帮助帮扶校骨干教师剖析当下教学存在的主要问题,传授教学管理经验,指导开展课题研究,通过下校诊断、讲学、论坛、网络交流等方式,促进帮扶校骨干教师成长,使其能把握影响教学质量的关键因素，找准推动教学水平发展的突破点。

（3）提高组织协调能力。我校各位管理骨干承担培训授课、教育帮扶、教育教学改革和各级培训项目的跟岗学习等相关任务，使帮扶校骨干教师把自己的教学方法转化为学校其他教师的教学行为，并以"同课异构"的方式呈现。

（4）提高管理创新能力。圭峰小学以跟岗为平台，规划组织开展校本研修，持续提高本校教师专业发展水平。使各位跟岗教师能研究、评价、诊断教学过程中的各种问题，同时我校还通过培训提高帮扶校的智能建设能力，推进学校教学信息化建设，在智慧（智能）校园方面发挥创新引领作用。

3.组织活动，聚焦教研改革"新发展"

（1）搭台促成长。示范校和帮扶校每周期各派出5位教学骨干，通过跟岗实践、交流研讨、读书分享会、课题指导、教学诊断等方式组织教学骨干集中研修不少于5天，可根据工作实际多次进行（不少于2次）；示范校教学骨干每周期面向团队成员开设公开课、研究课或专题报告等不少于1次，对帮扶校教学骨干开展下校诊断指导不少于1次。

（2）教研有序化。把学科教研分解为三项内容：学科理论学习、学科素养发展、教学能力训练，三大项内容有机渗透，整体落实。示范校和帮扶校都建立学科教研制度和集体备课制度，每周开设两节固定的学科组教研活动时间（其中，周一为艺术，周二为英语，周三为语文，周四为数学，周五为科学），一节固定的集体备课时间（由各年级学科备课组长确定落实），形成"自主备课—集体议课—学科组研课"三级备课、研课的常态化校本教研模式。10位教学骨干在每次教研活动中轮流作为中心发言人，深入探索专题教研、主题论坛、微课微评等新形式的教研活动，纵深推进教与研的方式转变，促使教师们相互学习、主动研讨、共同进步。

（3）问诊凝特色。我校每周期组织教学骨干开展1次教学问题诊断活动。总结教学经验，发掘教学优势，发现教学问题，开展"诊断把脉"讨论活动，提出解决教学问题的建议，制订解决问题的办法。通过考察观摩活动的开展，提升骨干教师将理论转化为行动的自觉意识。各组"对子"每周期要形成一份诊断报告，不断提升教学水平。

（4）规划践理念。圭峰小学制订示范校教学骨干教师本人专业发展规划和校本研修方案并组织实施；帮扶校教学骨干在指导下，制订本人专业发展规划和校本研修方案以及年度计划并组织实施。

（5）资源共享。示范校骨干教师每周期开展集体网络研修活动不少于2次；每周期通过网络空间发布生成性教学资源（包括课件、案例、教育反思、教学总结、学习心得、教学改革探讨等资源）数量不少于50条。

4. 推进工程，探寻教师培训"新路径"

（1）加入"智囊团"。圭峰小学智囊团工程因赛课机制而启动，是把青年教师引向比赛舞台、走向成熟的助推器。每周期10位教学骨干纳入学期智囊团，完善"赛课+智囊团"的高级教研模式，通过个人赛课带动团队教研能力的提升，实现教师的抱团发展，形成"一人赛课带动学科组集体教研"的良好教研氛围。

（2）实施"师徒结对"制度。每周期的10位教学骨干，组建为成长共同体，通过落实"师徒结对听课制度"和"师徒结对评比制度"，师徒结对互相通过推门听课，结对磨课，同课同构，实施一对一的"传、帮、带、引"辅导。

5.扎实科研,助推素养提升"新里程"

(1)定期汇报。每位管理骨干和教学骨干结合教育教学改革与发展重点任务和实际,围绕提质增效、教师专业发展等问题开展研究,制订课题研究方法并开展研究,每周期将课题研究的过程性资料进行上报。

(2)凝练成果。示范校5位管理骨干和5位教学骨干每周期指导入室学员开展管理、教学研究,围绕凝练办学思想和办学特色的区(县)级以上课题不少于1项,形成研究成果不少于1项(含在正式刊物发表的论文、教育教学成果奖励和公开出版著作等)。在每次理论学习、专家引领、考察观摩活动后都适时地安排一些相对宽松的沙龙、茶话式交流讨论时间,使之在思想碰撞中得到提升,得到升华。

(3)提高能力。帮扶校管理骨干和教学骨干每学期撰写1篇教育管理或教学反思或案例分析,每周期汇报管理、教学情况不少于1次,并进行论文发布或发表。积极参加每周期一次的专题研修活动,从教学素养、课程设置、课堂改革、师资队伍建设等方面得到提升。我们建立课题申报推送制度和论文撰写评选制度,以课题研究带动校本研修,以论文评选来促进教学反思,让小课题研究成为常态,让论文写作成为教师教研能力的标配。

(4)读书普慧。每周期的20位骨干教师,每人制订三年读书计划,每周期精读两本教育专著,认真做好读书笔记,撰写阅读心得,积极参加各级部门组织的读书论坛、名师讲堂等活动,在校内和校际交流、分享中提升自我。

6.落实课改,打造课堂教学"新天地"

(1)立足常态教学。跟岗教师以教研一体、研学一体、研训一体的"三研一体"为课堂研修模式,开展常态化教学,每周期执教1节。提高教师提出问题、分析问题和解决问题的能力。

（2）深入开展赛课。跟岗教师每周期要执教1节经验课或比赛课。通过扩大参与面，调动积极性，以探索课、能手课、展示课、公开课等形式开展学科教研活动，同时，还要深入探索专题教研、主题论坛、微课微评等新形式的教学活动，纵深推进教与研方式的转变。

三、组织管理

（一）人员组成

研修对象由圭峰小学、东区学校、古井小学、台山李星衢学校管理骨干教师和教学骨干教师组成。共分为6个周期，每年2个周期，每周期20人，每人研修期为一年，三年合计60人。

（二）研修场所

圭峰小学为研修基地提供40平方米的办公室，并配备交互式大屏一体机、电脑、打印机等办公用品，确保研修正常开展工作；积极拓展研修团队的研修空间，使大家有更多现场观摩学习的机会。圭峰小学为学员集中研修期间的学习、生活、交通和住宿提供保障；积极推动信息化建设，配置相关研修活动必需的器材和设备。

四、研修职责

（一）示范校职责

（1）圭峰小学作为示范校，以促进学校发展和教师专业发展为重点,研究国内外校本研修模式典型经验,着力形成"一校一案""一科一策""一师一题"的广东校本研修模式。

(2)圭峰小学作为示范校,制订研修周期培养目标和研修年度工作计划,建立研修工作制度,并报广东省中小学教师校本研修项目中心备案。

(3)圭峰小学作为示范校,主动承办全省校本研修示范校的重大活动,成为校本研修协调发展机制的设计者、组织者、指导者。每周期组织1次开放式校本研修活动,以师带徒的形式,传授教育教学管理经验,进行教育教学改革探索,对帮扶校工作进行指导。

(4)圭峰小学作为示范校,承担有关教学管理、师资培养培训的课题研究,举办1次相关课题研究展示活动。工作周期期满时,完成工作总结报告,完成1篇教学管理创新与教学改革的研究报告,并公开发表1篇以上研究论文。

(5)圭峰小学作为示范校,积极组织、聚集骨干教师集中研讨,共同进步。每周期接受受援学校校长和教师跟岗学习不少于3天。指导结对受援学校学科研修活动和课题研究不少于6天,每所受援学校不少于2天;依托现代信息技术开展远程支教活动不少于4次。

(6)圭峰小学作为示范校,在网络交流平台上,负责校本研修的网页建设,上传教学资源和成员成果分享资料,开展主题论坛、在线交流、理论学习等活动,成为校本研修的动态工作站、成果辐射源和资源生成站。同时,利用现代信息技术手段开展远程帮扶活动,每年不少于4次。

(7)圭峰小学作为示范校,接受主管部门的指导、检查、评估,向主管部门汇报工作,做出书面总结;对管理骨干教师和教学骨干教师进行考核,建立教师成长档案。

(8)圭峰小学作为示范校,按照专款专用的原则,负责工作室资金的使用和管理,并接受上级部门审计。

（9）圭峰小学作为示范校，自主聘任校本研修专家指导团队，专家指导团队不少于3人（省级专家库专家不少于1人），专家团队每年到学校指导不少于1次。

（10）圭峰小学作为示范校，组织精英管理团队、学科优秀团队开展持续式帮扶活动，为每所受援学校制订以校长和教师队伍专业水平提升为目标的共进计划；指导受援学校设计符合需求的校本研修活动。

（二）帮扶校职责

（1）帮扶校组建团队，建立由校长、副校长、主任、学科组长组成的校本研修骨干团队。

（2）帮扶校自主研制学校校本研修计划和学科校本研修计划，积极组织实施校本研修活动，协助示范校做好结对帮扶工作，参与示范校与受援学校共同体建设。

（3）在帮扶周期内，每年度校本研修骨干团队主动到示范校跟岗学习不少于3天，主动邀请示范校专家团队指导校本研修活动不少于2天。主动参加示范校组织的各种校本研修活动（含远程教育帮扶活动），每年不少于4次。

（4）帮扶校初步形成"一校一案""一科一策""一师一题"的广东校本研修模式。

（三）学员职责

1. 示范校骨干教师

（1）制订示范校教学骨干教师本人专业发展规划（1份）并组织

实施。

（2）帮助帮扶校骨干教师传授教学管理经验。每周期不少于2次。

（3）每年承担一次专题讲座或课例示范。

（4）对帮扶校教学骨干开展下校诊断指导不少于1次，并上交1份诊断报告。

（5）每周期开展集体网络研修活动不少于2次；每周期通过网络空间发布生成性教学资源（包括课件、案例、教育反思、教学总结、学习心得、教学改革探讨等文字或图形资源）数量不少于50条。

（6）作为"师徒结对"的师傅，通过落实"师徒结对听课制度"和"师徒结对评比制度"，开展推门听课，结对磨课，同课同构，做到手把手备课，点对点对接，面对面指导。

（7）主持或参与区（县）级以上课题不少于1项，形成研究成果不少于1项（含在正式刊物发表的论文、教育教学成果奖励和公开出版的著作等）。

2. 帮扶校骨干教师

（1）依据个人实际，确立自身发展目标。制订骨干教师本人专业发展规划（1份）并组织实施。

（2）全程参与所有交流活动，包括报告会、教学论坛、课题培训、专题讲座、网络研讨等，并完成当次相应任务。

（3）加入圭峰小学智囊团，全程参与每学期以赛课为契机的种子选拔和课例研磨，并撰写一份成长心得。

（4）作为"师徒结对"的徒弟，通过落实"师徒结对听课制度"和"师徒结对评比制度"，互相推门听课，结对磨课，同课同构，每周期执教一节精品课,上交教学录像、教学实录、教学设计（各1份）。

（5）主持或参与区（县）级以上课题不少于1项,形成研究成果不少于1项（含在正式刊物发表的论文、教育教学成果奖励和公开出版的著作等）。

（6）撰写1篇教育管理或教学反思或案例分析,每周期汇报管理、教学情况不少于1次。

（7）制订三年读书计划（1份）,每周期精读两本教育专著,认真做好读书笔记,撰写阅读心得（1份）。

（8）对本人的教学水平进行自我诊断并形成报告（1份）。同时,主动参与其他骨干教师的教学管理诊断,提升自我诊断和诊断他人的意识与能力。

（9）在每次教研活动中作为中心发言人（每期至少1次）,深入探索专题教研、主题论坛、微课微评等新形式的教研活动,纵深推进教与研的方式转变。

五、研修策略

（一）更新骨干教师教学观念

圭峰小学提出新课改理念,提升教师教学管理水平,以"一座统建"为蓝图,共同成立"一校一案""一科一策""一师一题"的校本研修模式。这是示范校的使命。示范校培养科研型、专家型、创新型的新时代教师,成为教学优质资源的集聚地和名师交流展示的舞台、成长的摇篮、培训的基地、辐射的中心。

(二)充分发挥引领示范作用

圭峰小学充分利用校本研修平台,通过专家引领、专题研修、外出培训、示范辐射和课题研究等研修活动,通过以点带面,抱团发展,实现"名师引领、团队合作、全员提高、资源共享、均衡互补",实现帮扶学校的新发展。

(三)以活动建立学习共同体

圭峰小学以"一座统建"为研修蓝图,以丰富多彩、形式多样的培训活动为载体,积极主动开展管理、教学重点问题研究,加强创新型教师队伍的建设,发挥先行研究、交流研讨、示范引领的作用,重点做好课题研究、教师队伍建设、示范辐射、网站建设等工作,使研修活动真正成为促进教师专业发展的平台。

圭峰小学作为示范校,更重视开展好校际、跨区、跨市的示范辐射工作和省内的交流研讨活动,建立学习共同体,以深入开展之势擘画"一座统建"的蓝图,夯筑"四域一体"的研修高地。

第三章
校本研修推动学校教育理念的实现

　　校本研修对于推动学校教育理念的实现有积极的价值。

　　新时代的教育应是让个体充分感受幸福的教育，要让每一个学生都有成长感、获得感、归属感、幸福感。培养学生具有健康的身体，积极的心态，关心的意识，持久的爱好等幸福表现力，让学生学习并获得幸福的方法与能力。

　　在理论研究与实践探索相结合的过程中，笔者对"幸福教育"有了系统的认识，形成了自己独特的教育见解和主张。

第一节 构建"以美培元，守正创新"的美育理念

美育是提升审美素养、陶冶情操、温润心灵、激发创新创造活力的教育。在德智体美劳"五育"中，美育与其他"四育"紧密联系、互相促进。习近平总书记指出："美术、艺术、科学、技术相辅相成、相互促进、相得益彰"，"要全面加强和改进学校美育，坚持以美育人、以文化人，提高学生审美和人文素养"。现在，党对美育工作的领导全面加强，立德树人根本任务全面落实，美育改革创新全面深化使美育工作取得重大进展。学校美育工作纳入各级各类学校人才培养的全过程，贯穿学校教育各学段，通过美育提高学生审美能力和人文素养，引导全社会重视美育价值，实现了跨越式发展。

圭峰小学以"让幸福成为教育的不懈追求"为办学理念，以"办人民满意教育、创特色品牌学校、育幸福快乐学生"为办学目标，坚持推动美育事业，弘扬中华美育精神，打造"以美培元、守正创新、培根铸魂"的美育特色品牌，在美育改革的道路上，做到"行远自迩砥砺行，培根铸魂满庭芳"。

一、秉持"一个理念",高举美育之旗

(一)圭峰小学美育发展思路

圭峰小学认真学习贯彻习近平总书记关于美育的重要论述,认真落实"立德树人"根本任务,深入落实中共中央、国务院关于全面加强和改进新时代学校美育工作的部署要求,将学校美育工作与学校改革发展事业同步谋划、同步推进。以"幸福教育"理念为引领,弘扬中华美育精神,传承和弘扬中华优秀传统文化,充分挖掘美育资源、整合美育力量,秉持"以美化人,以美培根,以美育魂,幸福人生"的美育理念,高举培养"文化自信的中国人、德才兼备的爱国者、全面发展的接班人"的美育旗帜,成就学生的幸福人生。

1. 以爱国主义为核心,根系民族精神命脉

圭峰小学充分结合中国源远流长的传统美育"乐教"思想,以美育人,以美化人,让中华美育精神滋养现实,放眼未来,在学校美育工作中渗透融入时代魅力和内在活力。美育精神正在成为指引我们迈进新时代、奋进新征程的强大精神力量,关注人的全面发展,唤起人们对美的感知,提升每一个生命的境界,使中华美育精神在新时代焕发新的生机。

2. 以培根铸魂为指引,新时代美育工作突出战略发展

新时代的审美教育,其核心宗旨在于培养人,为推动社会主义精神文明建设,培养人们内在的心灵美和行为美做出贡献。通过丰富学生的精神生活,新时代美育深深地影响着青少年的情感、想象、思想、意志和性格。同时,将爱国主义的核心价值融入中华民族的血液中,审美教

育正逐渐成为中华民族文化的重要纽带。

圭峰小学重视美育在学校教育中的重要地位，深刻认识美育的战略地位和育人价值。为了推动学校的高质量发展，圭峰小学将美育作为重要的抓手，优先发展，以中华美育精神为引领，注重培养学生的艺术修养和审美情趣。

圭峰小学将美育融入各学科教学，视其为教育的重要内容，致力于让学生在艺术实践中亲身体验美的感受，以及美育对个人思想的影响。学校通过开展各类美育艺术实践，如"红歌天天唱""红色研学之旅"等活动，让学生不仅提升审美素养和文化修养，还能够树立正确的价值观和人生观。

为了更好地探索美育育人规律，圭峰小学结合自身实际情况，创新性地构建了"美育课程+活动+文化"的育人模式。这种模式注重同向同行、互融互通、共建共享，取得了许多宝贵的经验，收到了良好的成效。

总之，圭峰小学在美育方面进行了积极的探索和实践，通过创新性的育人模式和丰富的艺术实践，让学生在美的熏陶中健康成长，为培养德、智、体、美、劳全面发展的优秀人才做出了积极贡献。

二、打造"一支队伍"，勇担美育之责

在教育部全面深化学校美育教学改革，强化美育教师队伍的政策引导下，圭峰小学配备20名专职美育教师，其中音乐教师10名、美术教师10名，充分满足美育课程的需求，加强美育队伍专业化建设，打造出一支特别能战斗、特别能创新、特别能出成果的勇担美育大任的教师队伍。

（一）打造美育指挥系统

圭峰小学美育管理指挥系统由笔者担任组长，从增强文化自觉和文化自信的高度，整体规划、部署全校美育教育工作；钟瑞贞主任作为美育分管领导担任副组长，具体抓实学校的各项美育工作，从美育课程开展与实施到美育社团的扶植与管理，整体规划，目标明确；在具体操作层面，由体艺学科组长胡晓立老师带领全体美育教师将美育课程与社团工作一一落实，梯队管理、网络清晰、职责明确，工作富有成效。

（二）创设美育教师培养机制

圭峰小学创新校本研修模式促进美育教师专业化发展。通过"三研一体"校本研修模式（"研教、研学、研训"一体化），我们把教、研、学、训的主体进行融合，从形式上进行整合，在内容上涵盖美育理论学习、成果经验讲座、教学探索与展示、基本功训练与考核、美育鉴赏沙龙、外出观摩交流等方式，多层次立体式推进美育教师专业培养。在措施手段上大力构建四大培养平台：岗位练兵平台、培训学习平台、比赛展示平台、名师引领平台，推动三项工程：青蓝工程、名师工程、智囊团工程。圭峰小学通过综合培养方式，锻炼青年教师，打造骨干教师，成就美育名师，有效提升美育教师的专业水平，打造出一支美育标杆队伍。

圭峰小学立足自身实际，探索美育育人规律，在美育课程育人、美育活动育人、美育文化育人等方面取得了显著成效，涌现出胡晓立、叶超良、李颖莉、陈壬、陈水清等一批美育名师。近三年来，圭峰小学美育教师队伍共获美育类荣誉奖项318项，其中，国家级3项、省级39项、市级80项、区级135项、镇级61项。圭峰小学美育教师团队已成为科研型、学习型、引领型的美育骨干教师队伍，勇担美育之责，为落实美育教育奠定良好基础。

三、营造"一种环境"，深植美育之根

圭峰小学在美育工作中，深入理解并积极丰富新时代的实践应用，以真正实现以美育人、培根铸魂的文化自信。学校通过各种美育实践活动，如校园文化艺术节、文艺汇演等，鼓励学生们积极参加，充分展示自己的才艺和创意；还开设了各种艺术课程和兴趣班，如绘画、书法、舞蹈等，让学生们能够根据自己的兴趣和特长选择适合自己的学习内容。音乐、舞蹈、美术和表演等美育实践活动让学生们在探索中发现了自己的潜力和价值，大力提升自身的审美能力和情感，激发了他们的创新创造力，帮助他们形成健全的人格。

圭峰小学大力营造弘扬真善美，抵制假恶丑的美育环境，既包括校园外在环境，又包括教学内在环境，目的是培养青少年具有美的理想、美的情操、美的品格和美的素养，提高青少年的审美素养和人文素养，为文化强国建设筑牢根基。

（一）优化办学条件，美化育人环境

环境美育是围绕学生环境体验而展开的一种切身性审美教育，主要是通过学生能够接触到的有效"接触点"，或潜移默化，或循循善诱，或精心设计，在最合适的时间、最恰当的场合、最巧妙的地点，唤醒学生的审美感知，塑造美好心灵。校园环境具有美化、教育和熏陶的功能，富有内涵的校园文化环境也是实施美育的重要载体。

圭峰小学注重打造充满艺术特色的校园环境，先后建成了"德育

广场""艺术长廊""科技长廊"等艺术园区；竖立了孔子、梁启超等名人大型雕塑；分主题布置学校各个区域的壁画和宣传栏，彰显校园文化浓厚美育气息。同时，配备了舞蹈室、古筝室、合唱室、书法室、美术室、陶艺室等8间标准化艺术专用功能室，经过多年努力，圭峰小学已经逐步构建了一道道具有独特艺术风格的校园风景线，让学生置身其中，接受美的熏陶。

（二）提高学科融合，拓宽美育途径

美育贯穿人才培养的全过程，应当注重内在融合。圭峰小学抓准各个学科的特色美、内容美和形式美，发挥美育的核心辐射作用，将美育渗透到各个学科的课堂中，以教师的形象美、语言美、行为美，教学的板书美、教具美、作业美，教材中的思想美、人物美、修饰美等多方面元素，作为切入点，融合社会主义核心价值观，打造大美育环境，从内到外，以美育人，以文化人，拓宽美育途径，提高学生的审美和人文素养。

1. 融合思政教育，以美立德

圭峰小学将学校美育与思政教育充分融合，通过开展"健康人生、绿色无毒""喜迎二十大，法制伴成长""侨乡非遗我知道"等主题的绘画活动，"童心向党"个人才艺大赛、"我是领诵员"经典诵读、"假如我是一名河长"朗诵比赛等各种类型的活动与赛事，让学生通过绘画、摄影、歌唱、舞蹈、器乐、朗诵、戏剧等不同形式的美育实践活动，培养爱国、爱党、爱校、爱家的高尚道德品质。

2. 融合科技教育，以美启智

圭峰小学结合学校一年一度的科技节，开设"人工智能""太空漫

想""粮食安全"等主题绘画活动，并在科技节开幕式和闭幕式中加入具有科技元素的《小小航天梦》《快乐的纸飞机》等舞蹈表演，融合科技，以美启智，以多育并举的美育理念，促进学生核心美育素养的发展。

3. 融合体育教育，以美强体

为促进学校美育与体育相融合，圭峰小学转变教学观念和教学行为，通过体育教学实现"育体"和"育美"的双重目标。我们在大课间活动中，加入有舞蹈元素的功夫扇和放松操，在运动会入场式加入各类艺术元素的班级表演，让学生在体育和美育的互动融合中，外修形魄，内修品格。

4. 融合劳动教育，以美促劳

劳动教育既能够培养学生良好的劳动能力和习惯，也能够帮助学生发现生活中的美。我校开展的"我是小厨师""美化生活的一角"等主题劳动活动让学生兴致盎然，随着美味佳肴的出品、居家美景的定格，孩子们也通过食物的配色、摆盘；物品的搭配、摆放，一步步探索着源于生活、藏于劳动的美，培养学生发现美的眼睛和创造美的双手。

四、施行"一套课程"，培养美育之才

圭峰小学全力打造人人皆学、处处能学、时时可学的"幸福素养美育课程体系"，从五个维度体现"美育的真正价值在于使人幸福"的"大美育"精神，构建"师生家校社"五位一体的发展格局，增强学生美育发展内生动力。

（一）基础美育课程

音乐、美术是小学阶段重要的国家美育基础课程，圭峰小学严格落实学校美育课程开设的刚性要求，以音乐、美术课程为主体，选用国家审定通过的音乐、美术教材，按照国家课程方案和标准开齐开足美育课，重视基础美育课的课堂质量，向"美育课堂四十分钟要质量"。

我们构建"开放、活力、高效"的美育课堂。"开放"的美育课堂与"封闭"相对，以实施启发式、尝试式教学方法为主，营造出民主、愉悦、互动的教学关系，可以打破教学时空，引导学生积极参与，有效地向生活实际延伸。"活力"的美育课堂，倡导个性化思维表达，激发课堂的生命活力，注重生成、优化教学各个环节，实现师生生命价值。"高效"的美育课堂，强调教学的面与度，让学生"身动、心动、神动"，让成长与进步"发生"在学生身上，达到教与学效果的最优化，从而实现学生的可持续发展。美育课成为我校学生们最喜爱的课堂之一。我们大力开展新教师探索课、能手课、骨干教师示范课等课例交流活动，深入解读国家美育课程标准，充分发挥美育课职能，在课堂中培养学生感受美、发现美、欣赏美、创造美的能力。

（二）特色美育课程

为凸显艺术特色，体现艺术品位，圭峰小学着力营造浓郁、活跃的校园文化艺术氛围，最大限度地给学生提供一个健康、全面、快乐、和谐的发展空间，让每一位学生都能够享受特色艺术教育带来的美好。圭峰小学根据学生的兴趣爱好与个性需求，开设了舞蹈、合唱、管乐、古筝、粤曲、书法、陶艺、绘画、手工等11项特色美育课程，围绕课程目标，精选教学素材，丰富教学资源，着力提升文化理解、审美感知、艺术表现、创意实践等核心素养，帮助学生形成艺术专项特长。

（三）活动美育课程

圭峰小学依据《教育部关于进一步加强中小学艺术教育的意见》开设灵活、多样的美育课程，积极探索具有时代特征、校园特色和学生特点的美育活动形式。我们定期举办"红五月艺术节""大众舞台""个人才艺大赛""师生书画展""水粉画比赛""六一文艺汇演"等深受学生喜爱、家长欢迎的美育活动，本着人人可参与，处处皆舞台的美育理念，以活动育人，唤醒学生真、善、美的品质并激发学生对梦想的追求。

（四）潜在美育课程

圭峰小学润物无声的潜在美育课程，以社会主义核心价值观、中华优秀传统文化、小学生行为规范作为课程的蓝本，让学生从行为规范、日常生活中吸收潜在的美育元素。例如：圭峰小学创编了原创行为规范歌曲《一日常规十二来》，让新生在学唱歌曲的过程中自觉规范行为，展现小学生的优秀精神风貌，并通过"红歌天天唱"等活动，让学生们在大量旋律优美、选材精良、内容丰富、格调高雅，适宜引导青少年审美导向的歌曲中，形成对美更全面的认知，以美感人、浸润学生心灵。

（五）综合美育课程

综合美育课程是圭峰小学打造"师生家校社"发展格局的体现。通过开展"我美丽的家乡""侨都质量""浏览红色基地""我是小厨神"等多主题、多形式的亲子活动，圭峰小学让学生在活动中充分感受自然美、生活美、文化美和社会美，以美感人，促进学生身心健康发展。例如："侨都质量"摄影作品征集活动，让学生探索侨都特色产品与品牌、非遗制作技艺、侨都特色服务及服务地标、场景，记录具有代表性的工程建筑、侨都优美的环境以及"匠人匠心"等美好一刻；"我和国旗合个影"照片征集活动，让学生怀揣着一颗爱国之心去留下美好一刻；"我美丽的家乡""红色之旅""红种子"等书画、摄影、游学活动，让学生和家长共同游历家乡、回顾历史、体验生活、品味文化，以美感人，促进学生身心健康，用美育之笔绘就美好人生。

五、改革"一项评价"，铸就美育之魂

美育是不分学科、贯穿学习全过程的素质教育，可以与学科教育相辅相成，激活青少年的想象力和创造力，助力青少年在未来不同学科领域创新创造，进而推动社会进步和国家发展。美育作为一种集感知性、获得性和内生性于一体的隐性教育，不能采用其他知识型或实践型教育的定量定性评价，圭峰小学以学生素质测评研究为契机，建立多元的美育评价方式，以培养学生核心素养为目标，对学生在学校各项美育活动中的参与情况等进行全过程评价。圭峰小学不断深化学校美育评价改革，聚焦学校美育高质量发展，助力学生德、智、体、美、劳全面发展。

（一）多维角度评价，着眼学生全面发展

圭峰小学从多维培养的角度，结合学校积分奖励制度开展美育评价。通过优化基础指标，我们梳理出参与课堂教学、完成课堂学习、参加社团活动、完成艺术学习等12个子评价项目。根据圭峰小学美育课

程的五个维度,我们分别对学生在各项课程中的观摩、学习、实践、能力、素养、创造等方面创设奖励制度;圭峰小学以促进学生发展目标优化学业和发展指标,根据学生的美育积分情况设置"美育奖学金"和"美育全能王",将美育评价有效延伸到美育与审美、情操、心灵和创新意识的深层次关系中,充分体现"大美育"的评价标准,以评价促进学生形成艺术爱好,提升美育素养。最终目的是弘扬中华美育精神,培养出一个个具有文化自信和胸怀天下的中国人。

(二)完善评价导向,关注学生素养养成

圭峰小学充分发挥评价的激励与推动作用,坚持以美育人为评价导向,杜绝应试化倾向,立足考查学生能力,关注学生素养养成。在开展评价的过程中,不断完善评价结果运用,以评促教、促学。评价的落脚点在提高课堂教学质量,做好考试结果的分析运用,基于数据加强和改进课堂教学,以评促学、以评促教。

(三)过程性评价与终结性评价相结合,全方位考查学生艺术素质

圭峰小学统筹运用过程性评价与终结性评价相结合的方式进行学校美育评价,全方位考查学生艺术素质,提高学校美育质量。我们以平时自测成绩的50%和期末测试成绩的50%之和,作为学生艺术成绩纳入总成绩,实现过程与结果并重。与此同时,建立"教研、学习、实践"于一体的美育教师教学能力评比机制,深化课堂教学研究,用翔实的数据为美育决策和教育教学服务。

第二节 "幸福教育"理念下小学校本课程体系构建

踏入新世纪,走进新时代,接受优质教育成为人们对美好生活向往需求的重要组成部分。新时代的教育应是让个体充分感受幸福感的教育,要让每一个学生都有成长感、获得感、归属感、幸福感,让学生学习并获得幸福的方法与能力。

(一)校本幸福课程目标定位

1. 课程愿景:追求卓越,幸福成长

幸福教育:积极卓越,快乐构建。

幸福课程:五育并举,全面发展。

幸福名师:卓越经师,幸福人师,收获成长。

幸福学生:幸福快乐,成就自己。

愿景阐释:圭峰小学以"让幸福成为教育的不懈追求"为办学理念,吸纳时代精神,立足发展现状,确立学校教育哲学——"幸福教育",积极构建"追求卓越,幸福成长"的学校文化,大力构建幸福课程体系,成就幸福名师,培养幸福学生,营造师生与学校共成长的幸福"家"园。

2. 课程理念:幸福教育,不懈追求

教育哲学：幸福教育。

课程理念：让幸福成为教育的不懈追求。

校园文化：师生与学校共成长的幸福"家"园。

理念阐释：圭峰小学校本幸福课程作为一门促进学生核心素养全面发展的综合性生活指导课程。它犹如一艘幸福的诺亚方舟载着全体师生驶向幸福与美好的方向。将幸福课程与校园文化融合，与学校特色结合，与现有课程整合，让幸福教育理念在学校生根发芽，开花结果。让孩子们在纯净的教育世界里遇见最美好的自己，成就最幸福的自己。

3. 课程目标

（1）课程总目标。

圭峰小学校本幸福课程旨在营造让每个孩子充分感受幸福感的教育氛围，以"幸福教育"为核心理念设计课程，其总目标是培养学生具有健康的身体、积极的心态、关心的意识、持久的爱好等幸福表现力，让学生学习并获得幸福的方法与能力。

（2）课程阶段目标。

表3-1　校本幸福课程阶段目标

课程模块	核心主旨	阶段目标		
		低年级	中年级	高年级
福德课程	社会主义核心价值观			
福慧课程	创新思维与能力提升			
福能课程	社团实践和领导能力提升			
福行课程	生活习惯和行为习惯养成教育			

4. 课程定位

在幸福课程校本化实施过程中，我们努力做到：

（1）幸福课程就是寻找教育生活的诗性。引导孩子感受教育生活的真与善，让孩子向上向善。让孩子们学会感受、理解、表达真与善，引导孩子热爱自己、热爱别人、热爱国家、热爱生活，有博爱、开放的胸怀，修养孩子的品行，构筑起正确积极的人生观、价值观、世界观。

（2）幸福课程就是揭开教育生活的美好。引导孩子感受教育生活的美与好，让孩子用心灵、用智慧去学习领悟美与好，在课程活动中，理解与掌握知识与能力，开阔视野，知道什么是美与好，明白幸福的本质与含义。

（3）幸福课程就是表达教育生活的旅程。引导孩子感受教育生活的幸与福，幸福感受力不是与生俱来的，而是需要培养与培训获得的。让孩子在自主选择、自主创新、自主发展的过程中，经历修行，在合作交流、实践体验、理解尊重的过程中，提升幸福力。

（二）校本幸福课程师资建构

圭峰小学成立校本课程领导小组，由校长亲自担任组长，制订总体思路架构，由分管教学副校长、教导处进行具体管理。各学科组建立教研组，各年级建立备课组，各班主任负责本班校本课程管理并与各科任教师进行校本课程实施，开展校本课程教学。教导处负责每月一小结，推选出校本课程优秀教学能手；学校每学年总结一次，表彰各年级各学科的优秀校本课程。

圭峰小学在课程实施中兼顾学科教师与专业教师的专业经验，注重专业背景的互补性，在一些跨领域活动实施中为保障教学效果，尝试采取了双师共育的方法。在实施过程中，我们选拔一批在课程设计方面有想法、能实践、善反思的青年教师，依托区教育资源、社会资源等对教师开展跨学科、综合实践、课程设计等各项培训。借助新鲜的血液来打破传统教学的思想桎梏，使课程实施打破德育教学的常规思路，真正融合于生活世界。学校牵头建立校本课程教研组，围绕课程理念和目标，定期开展研讨，助推教师专业成长，组织编写活动资源包,积累案例,采集亮点,建立完善课程资源库。

(三)校本幸福课程设计

1. 课程内容

圭峰小学一至六年级的校本幸福课程设置如下:

(1)福德课程。以社会主义核心价值观为校本课程的主要部分,包含24字社会主义核心价值观的品德教育。分为爱国爱家课程、善学善举课程、爱己爱人课程、道德践行课程、礼义教育课程、感恩教育课程。

(2)福慧课程。这是提升学生创新能力,培养创新型思维的校本课程,包含科学知识课程、科技创客课程、劳动技能课程、中华传统文化课程、书香校园课程。

(3)福能课程。福能课程通过活动培养学生的社团领导能力,包含特色社团活动课程、特长教育课程、艺术教育课程、社会实践课程等。

(4)福行课程。它可以培养学生良好的生活习惯和行为习惯,包含养成教育课程、生活实践课程、外延拓展课程、心理成长课程等。

幸福课程采取规定动作与自选动作相结合的方式,在完成相应课程目标的同时,使幸福课程的实施更加灵活与灵动,真正体现学生能力的培养与提升。

规定动作:幸福课程的教学实施,主要由各个年级的组长进行统筹安排,既保证每位教师的授课量,同时也对同一班级不同老师的课时进行优化安排,使幸福课程真正在课堂中站稳脚跟。

自选动作:由幸福课程任课教师根据班级的实际情况,学生发展的实际需求,以幸福课程的理念开发适合本班学生特点的课程内容,并予以有效实施。

表3-2 主题式综合实践活动

课程活动维度	一上	一下	二上	二下
古诗词与书法	古人怎样过重阳	讲故事：阅读和讲述屈原的故事	经典咏流传：中秋赏月诗会	楚辞吟诵：纪念爱国诗人屈原
	古诗系列表演剧、传统文化课本剧、人物剧《屈原》			
民俗与艺术	想象画：月亮上面的…… 歌曲：《爷爷为我打月饼》 手作：重阳小旗帜	手工艺术：端午香包与彩绳	衍纸艺术：重阳赏菊	服装设计：小小汉服设计秀
食育与生活	探究：什么是农历 社会：夸夸我的爷爷奶奶外公外婆 食育：看我搭高高，品尝重阳糕	探究：古诗里的"寒食、清明与上巳" 食育：一颗青团，一粒春天 探究：青团为什么是青色的	探究：不同的月饼 食育：品尝家乡月饼的月饼味道	探究：粽子里的STEM 食育：一起包粽子
户外与体育	中华美德：走进敬老院	民俗体育：赛龙舟	户外天文：月球观测活动	古风踏青：曲水流觞
课程活动类型	活动三维目标			
探究式课程	认识自己、表达自己、管理自己、提高自己（我与自己）			
主题文化活动	喜欢提问、敢于创新、勇于探究、亲近自然（我与自然） ／ 传承文化、爱国自信、传统美德、民族精神（我与社会）			
拓展实践活动				

2. 课程实施

（1）课程设计方向。

在设计幸福主题校本实践活动课程时，圭峰小学不是从传统的学科教学以及知识体系出发，而是从生活化、游戏化的角度出发，依托学生熟悉的生活实际，以学生为中心，站在学生的角度来设计课程，选取学生关注的问题，贴近儿童的年龄和心理特点，彰显出课程的主旨是和儿童一起逐渐深入认知、提升自身幸福感的认知学习过程。

（2）课程实施安排。

校本幸福课程整合了拓展型课程与探究型课程，包含专题教育、社区服务、社会实践、探究活动等。目前，课程活动时间集中安排在周一、周五的下午，一、二年级同步实施。

（3）课程组织形式。

课程的组织形式主要有个体探究活动、小组合作活动和班团体活动，三者之间互为补充、交叉。教师结合活动内容，灵活选择游戏、对话、表演、参观考察、情景模拟、现场体验、小实验、小制作等方式，增强活动的参与性和趣味性，发挥主题式综合活动的思政育人功能。

（四）校本幸福课程多元评价

1. 幸福成长积分奖励计划评价

圭峰小学对在福德、福慧、福能、福行系列校本课程实践中的学生表现实施积分奖励计划，每月公布一次。学校每学期进行一次表彰，向获奖者颁发证书和学校自行设计的十二生肖奖牌。来自学校、教师、学生、家长、社会五方的评价，既让学生经历学习的过程，积极参与活动，又让学生体验到学习成长的快乐。

2. 过程性评价与终结性评价融合

我们将评价融入活动，强调其真实性和过程性。校本课程为学生创设了丰富多元的活动内容与任务，鼓励学生结合特长用自己喜欢的方式呈现不一样的活动成果。评价记录了学生的多领域发展，侧重多元性和发展性，鼓励学生自评、互评，有效利用家长及社会有关人员的评价，及时准确地获取有关学生学习与发展的信息，助推学生各领域的发展。

3. 注重表现性评价

教师关注学生在活动中的点滴变化和进步，用各种方式记录活动过程，鼓励学生积极参与问题讨论、成果分享，对自己在活动中的各种表现进行适当的反思。根据学生的表现，教师在活动中适时给予指导和学习支持，并根据课程实施状况调整活动。

4. 教师绩效评价与课程实施挂钩

依据"按劳分配、多劳多得、优绩优酬"的原则，圭峰小学依据学校绩效工资分配方案，对在实施幸福校本课程的教师进行考核评价，就"备课、上课、资料积累、课例研究、家校互动"等项目进行考评，并适当给予奖励。

5. 运用信息化教学平台进行评价数据分析

圭峰小学运用信息化教学平台管理学生多领域发展记录，包括个性化学习的评价、学生自评与互评、家长及社会人员的评价等，结合人工智能进行评价数据分析展示学习效果，以及各方面认知和能力的提升。下面以部分雷达效果图为例。

图3-1 学生个人综合表现图

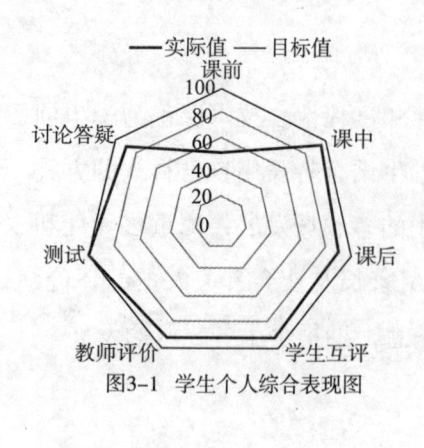

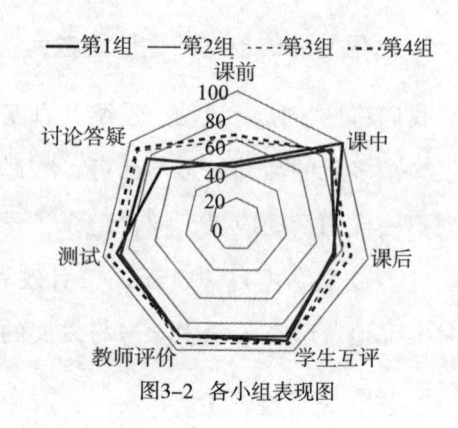

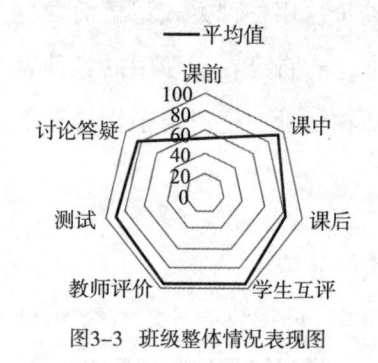

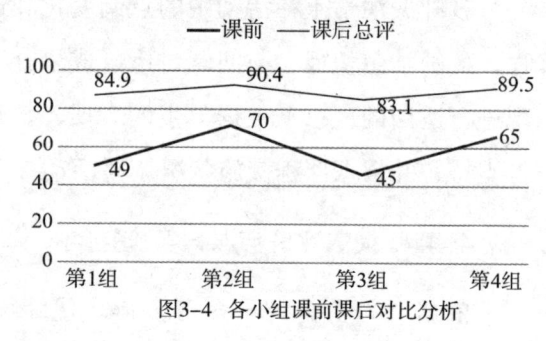

图3-2 各小组表现图

图3-3 班级整体情况表现图

图3-4 各小组课前课后对比分析

（五）校本幸福课程制度保障

1. 制度保障

通过规范的制度严格课程管理，把好方向，统筹安排，使校本课程走向规范化，把课程开发、实施、管理与评价等环节落到实处。

2. 师资保障

领导小组：学校成立由校长为组长的领导小组，以班主任与相应任课教师为成员的项目实施小组，保障课程有效落实。

师资培训：学校选拔在课程设计方面有想法、能实践、善反思的教师，并依托区教育资源、社会资源等对教师开展跨学科、综合实践、课程设计等各项培训。

教研制度：建立校本课程教研组，围绕课程理念和目标，定期开展研讨，助推教师专业成长。组织编写活动资源包，积累案例，采集亮点，建好资源库。

绩效保障：学校在绩效工资中单列一块作为幸福课程项目组的实施奖励，采用"多劳多得，优劳优酬"的形式进行考核。

培训保障：圭峰小学在师资培训中加大力度，鼓励教师多申请多参加区里的各项教研活动、师资培训，还结合社会资源力量，如高校、博物馆等，邀请教授、学者等指导学校特色教育，使教师拓宽视野、开阔眼界，在教学中带来更多的创新可能。通过理论学习与培训、课堂实践与观摩、经验交流与分享等形式，保证每月一次的学科组校本研修活动，开展每周一次的年级备课组研修。

3. 课时保障

项目组与教导处部门联动编排学生的课时，保障项目组的每位老师在所任教班级中每周至少上好一节幸福课，并在课表中予以体现。

4. 资源保障

圭峰小学充分开发利用校内活动资源，依据课程主题设计活动区域，布置走廊和墙面文化，开辟植物角、小菜园等；还联手校外基地拓展活动资源，加强家校合作，做好校本课程的延续及巩固。

作为一门促进学生核心素养全面发展的综合性生活指导课程，幸福教育主题校本课程的设计是从指导纲要走向课程实践的关键，圭峰小学在校本课程设计、构建和实施过程中，积极开展课程实践和基于实践的课程创新，强调课程主题的生成性，将幸福课程与校园文化融合，与学校特色结合，与现有课程整合，同时结合学校、家庭、社区、场馆等资源，让每一个学生都有成长感、获得感、归属感、幸福感，让学生学习并获得幸福的方法与能力。

第三节　提升教师职业幸福感的实践探索

立足新会圭峰小学"幸福教育"办学理念的探索之路，以及学校在"幸福教育"理念下所取得的办学经验，笔者从培养和打造"五感六有"幸福教师的角度，深入阐述培养幸福教师的"圭小模式"，以及提升教师幸福感的应对策略。

一、"幸福教育"探索之问

（一）幸福教育之问：从哪里来，到哪里去？

"幸福"一词进入教育领域，已经不是一件新鲜事。早在20世纪30年代，苏霍姆林斯基就提出："理想的教育是培养真正的人，让每一个从自己手里培养出来的人都能幸福地度过一生。"在美国哈佛大学，内尔·诺丁斯教授的幸福教育课程排名第一，在教育界引起了前所未有的轰动。"幸福教育"开始受到越来越多的关注。

2000年以来，幸福教育作为一种办学理念，在全国各中小学校遍地开花，在北京、上海、山东和重庆等地，甚至出现了幸福教育联盟学校。魏书生、陶继新、刘次林等国内专家教授都对幸福教育进行了全面、深入的论述，并出版了相关论著。可见，幸福教育理念在国内受到了很多教育专家和一线校长的认同和赞赏。

正是基于对幸福教育的思考，笔者将"让幸福成为教育的不懈追求"作为圭峰小学的办学理念：幸福是教育的理想。为学生一生的幸福奠基，是教育的终极目标；幸福教育的理想是可以实现的。拥有了创造幸福的能力，才能真正享有幸福；幸福教育需要通过不懈追求来实现。幸福的教育不可能一蹴而就，它需要持续的努力，不懈的追求，是一种永远在路上的姿态。

（二）学校发展之问：什么是学校发展的"核心动力"？

教师是学校发展的核心动力，教师成长的高度决定学生成长的高度。要想促进学校高质量发展，首先就要促进教师专业发展，提升教师的教育观念，以校本研究、校本培训、校本教研为主要形式，搭建教师专业化发展平台，全面、可持续地提高教师队伍素质。

教师的专业发展该走怎样的路？学校该往哪个方向走？这是笔者回归圭峰小学常常思考的问题，并由此引发了我对教师发展的数据之问和幸福之问。

1. 教师发展"数据之问"

"2005年中国教师职业压力和心理健康调查"的结果显示：近90%的教师存在一定的工作倦怠，其中近30%的被调查教师存在着严重的工作倦怠，20%的被调查教师生理健康不佳，超过60%的被调查教师对工作不满意。这些数据说明当前教师的职业生存状况不容乐观，相当部分的教师感受不到职业的幸福。

笔者认为，学校要实现持续发展，教师要实现专业发展，需要一种新的办学理念来引领。实施幸福教育，成就幸福教师，能够契合和体现教师的存在感、获得感、成就感，有助于突破学校和教师的发展瓶颈，让教师把教育理想与职业幸福链接在一起，消除职业倦怠。

2. 教师问卷"幸福之问"

基于这样的思考，为全面了解教师的思想动态，制订学校新一轮的办学发展规划，圭峰小学面向全体一线教师开展了一份"新会圭峰小学教师职业幸福感问卷调查"。调查采用不记名的形式开展，分为"您的基本信息""您的职业幸福感"和"您对学校的认同感"三部分，囊括了教师的整体幸福感、职业认同、学校归属、专业素养、个人发展、工作压力、生活状况、教学评价、学校环境、制度管理、人际关系、福利待遇共12个分类指标和38个分项指标的现状和满意度。题目全部为选择题，每一题一般有4个选项，大部分为单选，其中有2道题为多选。本次调查共发出问卷160多份，收回140份（个别老师因产假和外出学习未能参与），教师参与率接近90%，收回问卷全部有效。

问卷调查和数据分析的结果表明：教师对学校的认同感与对教师职业的幸福感成正比，我校教师的整体幸福感处于全国调查结果的中上水平。而教师对"影响教师职业幸福感的主要因素"的选择前三名依次是：

（1）积极的社会价值导向；

（2）公正的外部评价；

（3）自我能力得到提升。

由此可见，在教师待遇普遍提高以后，教师的职业幸福感更多地来自非物质、非功利因素的影响，这说明教师对幸福人生与职业的成就感的密切关系认识有了一定程度的提高。教师对"觉得学校比较关注教师的哪些方面"的选择顺序说明学校关注的重点与教师关注的重点形成较大的反差。教师对"在学校使您感到压力较大的是"的选择顺序，说明以教学成绩为主要评价标准的管理，必然带来相应关注及压力，当前的教育改革几乎没有带给教师较大压力，也正好说明教改没有引起必需的重视。

二、"幸福教育"的研究之路

自2013年以来，笔者以"让幸福成为教育的不懈追求"为办学理念，谋划圭峰小学新一轮的发展，承前启后，开创了学校办学新局面。2018年，笔者成为广东省中小学新一轮"百千万人才培养工程"第二批校长培养对象，在龚孝华、周峰、郭凯、胡志武、刘永林、刘晓君等高校教授专家的指导下深入学习国内外有关"幸福教育"的理论研究和实践经验，并立足我校的办学实践开展了一系列的实践研究。

在理论研究的引领下，笔者确立了圭峰小学"让幸福成为教育的不懈追求"的办学理念，提出"办人民满意教育、创特色品牌学校、育幸福快乐学生"的办学目标，形成了"立足新会—辐射五邑—知名广东—走向全国"的名校办学发展思路。

在理论研究与实践探索相结合的过程中，笔者对"幸福教育"有了更深入更系统的认识，形成了自己独特的教育见解和主张。2018年5月，圭峰小学承办江门市春季课堂教学观摩交流活动。在校长论坛上，笔者以《让幸福成为教育的不懈追求》为题，首次全面、系统地阐述了新会圭峰小学的"幸福教育"办学理念和办学内涵,回答了"为什么用幸福教育理念来打造学校?""'让幸福成为教育的不懈追求'是怎样的办学理念?""如何打造圭峰小学特色的幸福教育?"等一系列关于"幸福教育"的母题,从书香校园建设、幸福课程再造、活力课堂建构、幸福教师打造、幸福学生培养等方面详细解读了圭峰小学"幸福教育"的建构与实施。

三、圭峰小学教师队伍的"幸福教育"发展之行

幸福教育需要幸福教师。纵观当下教师的工作现状,教师工作的积极性不高,进取心不强,幸福感缺失,是普遍存在的事实。笔者认为,有教师之幸,才有学生之福。每一个快乐的老师身边,一定围绕着一群更快乐的孩子。如何让教师获得幸福感?如何使"教人有幸,育人是福"成为老师们的共识?习近平总书记说过:要让人民有获得感。教师们渴望被关爱,被认同,被尊重,被培养,渴望在工作中体现自身的价值。教师的获得感就是幸福感,只有教师的幸福指数上去了,学生才能真正地获得幸福。

基于当前圭峰小学教师队伍中以年轻教师为主,中年骨干教师开始出现职业倦怠,教师专业发展面临瓶颈的发展现状,自2014年起,圭峰小学开始着力培养"五感六有"幸福教师,让教师的成长和发展落地生根,引导教师把个人发展与学校发展紧密结合在一起。

所谓"五感",即指对办学理念的认同感、对学校发展的归属感、对教书育人的使命感、对专业发展的成就感、对自身价值的存在感;所谓"六有",即是胸中有梦、课堂有情、发展有力、成长有望、工作有心、生活有味。通过树立和培养教师的"五感六有",我们倡导教师坚

守"德才齐修、扬长补短"的幸福教育观，同时学校从职业认同、专业发展、课堂改革、培训学习、评价制度、福利待遇等方面，整体提高教师对教育、对学校、对学生、对自身发展的职业幸福感。

1. 建立职业认同，让教师胸中"有梦"

教师，是一种有温度的职业。教师的幸福，需要物质的支撑，但更多的是来自精神层面的引领，来自对教育事业的职业认同和对教育梦想的执着追求。为了引导广大教师深入认识"幸福教育"，激发广大教师对教书育人的使命感，圭峰小学在全校营造争先创优的育人氛围，启动了"十大幸福教师"评选方案。该项评选活动每年举办一次，以"对幸福教育有自己独特的见解，在教育岗位上把工作做到极致"作为评选标准，以个人自荐、学科组推荐、全体教职工投票的形式在学校全面铺开，时间跨度为6—9月。最终，在9月10日教师节当天，学校举行了隆重的"十大幸福教师"颁奖会。颁奖会上，校长亲自为十大幸福教师撰写并宣读颁奖词，现场视频播放十位获奖教师的幸福感言，展示他们对"幸福教育"的理解和追求，展现他们作为"幸福教师"的园丁风采。

2015年以来，圭峰小学已成功举办四届"十大幸福教师"评选活动，成为学校幸福教育理念下的校园精神文化，成为学校幸福教育的一大亮点。江门市和新会市等多家电视台和新闻媒体都对此活动进行了专题报道。随着"十大幸福教师"评选活动的深入人心，我校培养了一批幸福名师，增强了广大教师对教师职业的使命感、对学校的归属感和凝聚力，教师对学校"幸福教育"办学理念的认同感得到进一步加强，教师团队变得有活力、有梦想、有追求，骨干教师有闯劲、有干劲，青年教师有冲劲、敢较劲，幸福指数不断飙升。在历届获选的教师中，既有在专业发展中获得辉煌业绩，在广东省乃至全国的教学比赛中获得一等奖、特等奖的骨干教师；也有默默无闻，甘于奉献，在班主任工作和学科教学中表现突出的普通老师；更有不是一线教师，在后勤服务工作中兢兢业业，对琐碎的事务性工作精益求精的教职人员。

2. 促进课堂改革，让教师课堂"有情"

教师的价值表现在课堂的教，体现在学生的学。一个在课堂上对教学没激情、对学生没感情的老师，是毫无幸福感可言的。在"幸福教育"理念的引领下，圭峰小学积极推进课堂改革，致力于构建"开放·活力·高效"的幸福课堂。一方面，引入全国名校长、特级教师张云鹰的开放式教学理念，通过开放课堂，解放教师，释放学生，引导教师在课堂教学中做到"四关注"（关注学情，关注过程，关注对话，关注实效），让课堂教学变得有智慧、有激情、有活力；另一方面，完善对课堂的评价机制，课堂教学强调"以生为本，依本靠纲；删繁就简，精讲多练"，让教师教得轻松、教得扎实；学校还设立了教学成绩优秀奖和教学成绩进步奖，表彰先进，鼓励进步，关注教师在教学中的点滴进步，让更多的教师在享受课堂教学中获得幸福感和满足感。

课堂改革的动力来自校本教研，教师的课堂智慧也来自校本教研。学校立足校本教研，提高教师的教研能力，以探索课、能手课、展示课、公开课等形式开展学科教研活动，还深入探索专题教研、主题论坛、微课微评等新形式的教研活动，纵深推进教与研方式的转变。通过开展"教学相长、研训一体"的校本教研活动，让老师们时刻保持教学激情和教研热情，课堂教学有声有色，有滋有味。

3. 引领专业发展，让教师发展"有力"

人是靠精神站立的，又是靠业务行走的。一个教不好书、当不好班主任的老师在学校里无论如何是不会幸福的。很多教师职业幸福感缺失，产生职业倦怠，是因为对自己的未来失去了憧憬，对自身的专业发展缺乏助推力，局限于当一天和尚撞一天钟的应付状态。解决这一问题的最好办法就是帮助教师做好职业规划，引领教师专业发展，让教师看到自己的美好未来，时刻保持着发展活力。在教师专业发展方面，圭峰小学通过搭建个人发展平台，打造强师发展团队，助推教师专业发展，让教师在专业发展中获得满足感和成就感，享受到职业幸福，并已初步构建起"一模式、三工程、四平台"的师资培训体系。

4. 强化培训学习，让教师成长"有望"

对于老师们来说，培训就是最好的"福利"。在新课程背景下，培训成为教师的必然需要和迫切要求。强化培训学习，也是改变教师职业倦怠，提升教师队伍发展活力的有效途径之一。圭峰小学把为教师提供优质的培训学习当作教师的一项基本福利，以"重点培养，全面兼顾"为原则，通过"走出去，请进来"，进一步完善教师学习培训机制，落实教师培训经费专款专用，让教师在课程改革中找到个人专业发展的动力和获得幸福的能力。

一是拓展渠道"走出去"，学校不断拓展外出学习新渠道，创新外出学习的新形式，丰富观摩学习、跟岗培训、工作室培训等培训形式，对青年教师、骨干教师、教学名师，进行有层次、有深度的培训，坚持一学期的外出培训学习人数不少于100人次。

二是立足本校"请进来"，积极开展形式多样的校本培训活动。学校选拔优秀骨干教师组建新教师培训讲师团，落实对新教师"一周一培训"的指导；学校坚持每学期邀请著名专家、名师和省内名师工作室主持人到校开展授课、做报告、主题研讨。

培训学习为老师们的教学带来了新思维，为校本教研带来了新活力。

5. 完善评价制度，让教师工作"有心"

目前在教育体系内部，对于教师的工作评价体系很难做到科学公正。我们从提高教师的职业幸福感出发，着力建立一套定量与定性相结合的相对公平的评价体系，让教师在学校能安心工作、用心工作、尽心工作。

一是改变对教师工作表现的评价机制。教师的减负，是学生减负的前提条件，只有解放教师，才能解放学生。在确保教学质量的前提下，圭峰小学通过改变对教师工作表现的评价来减轻教师的工作压力，主要有以下做法。

完善教师备课制度。推行集体备课制度，改进教案检查管理，以电子教案代替传统纸质手抄教案，把教师从抄写教案中解放出来，让教师能有更多时间投入集体备课和年级教研。

改进成绩评价管理。对于教师教学成绩，保留期末综合成绩排名制度，但不把排名作为评价教师工作的唯一依据，本着"慎罚多奖"的原则设立对教师教学成绩进步的多项奖励。

同时，还设计教学成绩集体奖，适度淡化教师之间的恶性竞争，促进教师之间团结协作。因为合作能促进交流，并在一定程度上缓解教师焦虑，解放教师心智，并在根本上缓解学生的压力，解放学生的心智。

二是完善对教师工作奖励的评价体系。改变过去对教师的工作"重罚轻奖"的评价观念，树立"奖励为主，扬长补短"的新评价观念。通过完善教师绩效分配机制，制订对教师的各项奖励机制，如设立了学校先进个人、优秀教师、师德先进个人、科研积极分子、优秀班主任、教学能手、教学成绩优秀奖、教学成绩进步奖（分特等奖、一等奖和二等奖，凡是教学成绩比上学期有进步，含进步0.01分或进步1名，均给予奖励）、转化后进生等多个奖项，形成对教师教育教学工作全方位的奖励机制。对待不同身份的老师在待遇上尽可能做到同工同酬，奖勤罚懒，在评优评先进上坚持德才兼备、业绩优先，并在同等条件下适当向班主任、低年级教师、担任双班主科教学的老师倾斜，营造"你追我赶、共同进步"的良性竞争工作氛围，让教师在褒奖和肯定中收获荣誉和幸福。

6. 提高福利待遇，让教师生活"有味"

教师的福利待遇，是教师职业幸福感的基础。避开福利待遇谈幸福感，一切都是空中楼阁。当前，在我省落实教师待遇与公务员"两相当"的情况下，教师们的工资待遇有了质的提高。在政策允许的范围内，想方设法改善教师的工作环境，丰富教师的职业生活，活跃教师的职业文化，提高教师的基本福利，让教师在追求精神富足和身心健康中感受幸福，就显得更为重要和必要。圭峰小学主要通过以下方面来落实。

一是坚持把培训学习当成教师的最大福利和奖励。学校建立教师外出学习培训制度和台账，坚持教师培训专款专用，积极为老师们创造外出学习培训的机会，搭建专业成长平台，让老师们在获得成功中感受幸福。

二是创造条件丰富教职工的业余文化生活。学校切实发挥工会组织在学校工作中的桥梁和纽带作用，增强教师的民主管理意识和主人翁责任感，调动积极性，激发工作热情。多管齐下，创造条件丰富教职工的业余生活，以特色活动凝聚教师人心，让教师在工作中快乐起来：通过提供时间，创造条件，鼓励老师利用上班时间锻炼；通过举办培训，为教师开展文体活动提供技术支持；通过组建教职工文体社团建设，开展教职工体育锻炼和文艺沙龙等业余活动；通过校园硬件升级和租场所，拓展教师双休日活动锻炼的空间；通过举办期末文艺汇演，加强教师之间的联谊。

三是提高和保障教师在校的各项生活和工作福利。学校努力改造校园环境，增加文化元素和特色景观，营造温馨舒适的工作环境；为老师们提供贴心的生活服务，改善教师的膳食质量，增加菜式和品种，午餐提供两肉两菜一汤水，取餐点增设保温箱，增加教师午睡床位，安装宿舍无线Wi-Fi；服务教职工健康，邀请专家为老师做健康知识讲座和治疗，为教师们定期体检、制订运动计划、设计合理膳食等服务；关心教工的工作生活和身心健康，一如既往地做好教职工的结婚、生育、生病等的探访和慰问，不断增强教师职业的幸福感。

四、幸福教育理念五年之思：教育之初心、教师之归心

2018年12月，在圭峰小学实施"幸福教育"理念走过五个年头之际，在对2013版的教师职业幸福感问卷调查表进行了微调后，我们面向全校教师进行了第二次问卷调查。本次参与问卷调查的教师有168人，比第一次多了28人。令人备感欣喜的是，其中多个分项的指标百分比都有了明显的提高。

这我们看到了在"让幸福成为教育的不懈追求"办学理念的指引下，教师队伍的职业幸福感实实在在地发生了变化，同时也看到了"五感""六有"幸福强师团队构建模式对于提高教师职业幸福感的实效性。随着教师幸福指数的提高，教师们对职业的认同感、幸福体验频率、专业发展愿望、上课时的心情、工作生活状态等软指标都有了大幅度的提升，而教师的教学能力、专业发展水平成正比例上升，并在教师的职业幸福指数中起着决定性的作用。随着教师幸福指数的提高，我们还看

到，教师对学校认同感与归属感也随之进一步增强，特别是在对学校办学理念认同度、学校的身份认同度、学校制度认可度、学校评价满意度等方面有了飞跃性的提高。而这一切，源于学校在幸福教育理念的指导下，幸福强师工程的扎实开展。让幸福成为教育的不懈追求，这是我们的办学理念，也是我们对教育的终极目标。

第四节　以校本研修助推学校转制大发展

圭峰小学复办于1994年，2003年获批独立办学，2005年被评为广东省一级学校，2019年9月转为公办学校，划归属地会城中心小学管理，是江门地区示范性窗口学校。转为公办学校几年来，在新会区教育局和会城中心小学的正确领导下，学校转变观念，稳中求进，在幸福教育理念下，坚持"文化立校""质量强校""科研兴校""特色名校"管理策略，"加强文化融合，师资队伍整合，稳控教学质量，完善管理建设"四管齐下，不断优化过程管理，深化内涵建设，擦亮办学品牌，在"保质、保稳"的前提下，以校本研修助推学校转制大发展。

一、工作成效

转制三年来圭峰小学先后荣获2021年全国青少年校园足球特色学

校、2021年人民德育实验学校、2021年广东省基础教育校（园）本教研基地、2021年广东省中小学校本研修示范学校、2021年广东省优质基础教育集团培育对象、2021年广东省小学语文教学研究先进学校，2021年广东省科技创新教育实验学校，2020年广东省少先队先进学校、2020年第二批省级毒品预防教育示范学校、2020年广东省校园e站、2020年广东省青少年科技教育创新团队、2020年科普中国落地应用优秀实施单位、2020年广东省中小学校园防疫知识测试活动优秀组织单位、2019年广东省中小学艺术教育特色学校、2019年第三批广东省青少年校园足球推广学校等60多项区级以上荣誉。学校被上级推荐为广东省绿色学校、广东省安全文明校园、广东省心理健康教育示范校复评现场督导验收单位，均获省督导验收组的高度评价，高分通过复评验收。

在校本研修的助推下，学校师资力量雄厚，现拥有广东省教育系统"百千万人才培养工程"名校长培养对象1人，广东省名校长工作室主持人1人，广东省名教师工作室主持人1人，广东省特级教师1人，江门市专家工作室主持人1人，江门市名校长工作室主持人1人，江门市名师工作室主持人1人，江门市红领巾工作室主持人1人、江门市名师名医名家2人，江门市学科带头人2人、江门市兼职教研员等5人，新会区"三名"工作室主持人2人，区级名教师、名班主任、学科带头人、兼职教研员等33人，会城街道名教师工作室主持人6人。70多位教师获区级以上教学赛课一等奖，18位教师获国家、省级以上教学比赛特等奖、一等奖和二等奖。

二、办学理念

学校以"让幸福成为教育的不懈追求"为办学理念,践行"立德、励学、砺志、力行"的校训,打造"追求卓越,幸福成长"的幸福文化,构建"开放·活力·高效"的幸福课堂,打造"九大课程、七大社团、五大节日活动"的幸福校本课程体系,夯实和丰富"幸福教育"的内涵建设,走出了一条"立足新会—辐射五邑—知名广东—走向全国"的名校发展之路。

三、师资建设

建立和健全教师队伍是推进校本研修工作开展、加强教科研管理工作的关键。圭峰小学贯彻习近平总书记提出的"四有"好老师标准,围绕"打造名师、培育骨干、提升整体、均衡发展"的思路,扎实推进幸福强师工程,促进教师队伍专业发展,建设"心中有梦、课堂有情、发展有力、成长有望、工作有心、生活有味"的幸福教师团队,提高教书育人的获得感、存在感和幸福感。

(一)以校本研修构建教科研管理网络

圭峰小学力求使所有的教师都参与到教科研工作中来,成立了由校长为组长,教学副校长、各学科教学副主任及其他相关人员为成员的学校教育科研领导小组,全权负责学校的教育科研工作。同时设立教科室,作为教育科研领导小组的常设机构,配备专人负责教育科研的日常工作,构建起"教育科研领导小组—教科室—教研组—教师"四级教科研工作管理网络。学校先后出台了"教科研制度""课题管理制度""教育科研档案管理制度""教育科研奖励条例""教师业务学习制度""教学研究常规要求""教师教育培训制度"等一系列教科研规章制度，所有这些规章制度的建立和完善，都以激发教师科研热情为导向，以激励、奖励为准则，凸显了人文性，弱化了强制性，呈现出"荣誉与责任同在、考核与激励并存"的制度特征，充分调动了教师参加教科研工作的主动性和积极性，在全校营造了浓烈的教科研氛围。

（二）以校本研修促进师资融合发展

自2019年9月学校转为公办以来，圭峰小学先后有30多位老师从会城兄弟学校和原冈州职中调入。学校通过开展师徒结对、落实推门听课、启动"321培训工程"等多项举措，迅速帮助调入教师站稳讲台，适应了学校的教学管理模式。

为加强教育科研过程管理，保证学校科研自觉有序持续开展，学校还进一步完善了理论学习、课题申报、成果汇报、科研奖励等一系列学校科研制度。通过定期进行理论培训，举办科研讲座，不断引进教育科研信息，学校统一进行课题论证、立项，每学年组织科研成果交流、认证、奖励，调动了广大教师从事科研的积极性，促进了师资的融合发展。教育科研工作的竞争机制不仅增强了全体教师自觉科研的意识，也进一步促进了学校教育教学质量的提高。

（三）以校本研修大力推动教师专业发展

学校以"学科教研组""智囊团"和"工作室"为活动载体，构建起"一模式、三工程、四平台"的师资培训体系，铺就教师发展蓝图。圭峰小学教师在各项教学比赛中持续保有高歌猛进、全面开花的发展态势，参加镇、街、区、市、省、国家各级比赛斩获多项佳绩。

为加强课题研究，增强研究实效，我们以学科组为单位，落实课题研究，课题主持人均由教研组长和骨干教师担任，一线教师百分之百参与课题研究工作，形成了人人参与课题研究的良好局面。

四、科研促教

教育事业要发展，教育科研必先行。圭峰小学秉承"以科研为先导""向科研要质量"的宗旨，紧紧围绕"科研兴师、科研兴教、科研兴校"这条主线，坚持"以科研为先导　以特色创品牌"，大力开展校本研修，有效推动学校教育教学改革，促进科研成果的申报与转化，增强了学校可持续性的发展能力。

（一）营造教育科研氛围，树立科研兴校意识

多年探索、研究、反思学校教育教学工作，我们深刻感觉到，提高办学品位和档次，形成学校办学特色必须以教育科研为先导，走内涵式发展道路。实践证明，开展教育科研促进了教师教育观念的转变，极大提高了教育教学效益，推动了学校管理工作的科学化，有效地提高了教师专业素质。

科研先导、科研兴校要成为广大教师的共识，就必须使广大教师牢固树立教育科研是教育发展第一生产力的思想。《中共中央国务院关于深化教育改革全面推进素质教育的决定》特别指出教师"要遵循教育规律，积极参与教学科研，在工作中勇于探索创新"。为此我们积极营造学校科研氛围，开展专家讲座、外出学习、教研组、学科备课等校本研修活动，组织教师学习、讨论，老师们在教育实践中切身

感受到开展教育科研，探索教育规律，有利于提高自身的专业素质，有利于提高教育教学质量。目前，我校教师学习现代教育理论、开展课题研究已成为广大教师的一种自觉行为，校本研修已成为广大教师的共识。

（二）创设科研载体，加强教师培训，促进教师专业化发展

学校始终把教师的科研培训作为基础性工作来抓，注重对教师进行科研培训，提高大家对教育科研的认识和决策水平。通过业务学习、专题讲座、书香校园读书等活动，引导教师学习教育教学理论，指导教育教学实践。学校的教育科研队伍实行科研联合体，专兼结合，形成整体优势。同时，以"学习—交流—展示"活动为载体，引领所有教师在教育理念达到本位，教学方法选择和教学内容处理达到高位，教育科研过程与行为达到定位。

（三）形成课题研究与教育教学相结合的良好局面

科研是立校之本，科研是创新之源，科研是促进教师队伍综合素质提高的有效手段。通过科研课题的研究与实践，圭峰小学调动了教师和学生的积极性，增强了教师参与教育科研的自主意识。教师不断规范自己的教育教学行为，科研水平不断提高。

科研能兴校，科研能强师，科研工作永远是学校可持续发展的动力。几年来我们深深地体会到：是教育科研给我们指明了学校的发展方向，是教育科研为圭峰小学注入了生机，我们将继续坚持科研引领、科研教研并举的兴校之路，进一步加强教育科研工作的管理，不断完善科研工作机制，更加坚定不移地沿着"科研兴校"的道路走下去。

五、集团办学

2019年3月，圭峰小学教育集团正式启动。圭峰小学发挥领衔学校的作用，积极联动，主动作为，团结带领东区学校、古井小学、黄冲小学、司前小学、台山市白沙镇中小学5所成员校，从"七个共建"（顶层共建、制度共建、格局共建、平台共建、教研共建、视导共建、资源共建）着手，积极开展管理制度、学校文化、专题培训、对口帮扶、互动交流等多形式、深层次的教学交流活动。学校大力推动集团内的校本研修，启动"名师大讲堂"活动，以城乡交流来促进集团教师互动。2020—2021学年，学校连续两个学期派出语文、数学、英语、科学四大学科骨干教师与成员学校开展"名师大讲堂"教研活动，共计24批次60多人，执教展示课超过40节，承担专题讲座20多个。圭峰小学还出资编印了集团概况刊物《幸福树》、集团教研活动刊物《领航》、教育科研专刊《实践与研究》和学生习作专刊《幸福花开》，为集团学校之间文化和科研深度交流搭建媒介载体。

由于教育集团的工作扎实展开、特色突出、成效显著，2019年以来圭峰小学教育集团连续获得新会区教育集团化办学考核第一名，并被推荐参加广东省优秀教育集团的评选。

转制以来，在区教育局的正确领导和指导下，在会城中心小学的关心支持下，圭峰小学顾全大局，深耕细作，追求卓越，特色发展，硕果累累，在全区乃至全市继续保持小学教育排头兵位置。勇立潮头波涛起，扬帆起航正当时，新时代的圭峰小学将继续高扬幸福教育之帆，砥砺奋进向未来，开辟新时代教育改革波澜壮阔的新航线！

第五节　发挥校本研修示范学校的带动辐射作用

为贯彻《广东省中小学教师校本研修示范学校和示范培育学校工作指南》文件精神，充分发挥校本研修示范学校的示范引领和辐射带动作用，圭峰小学通过搭建多元交流平台，积极建立校本研修示范学校与结对帮扶受援学校的协同发展机制，促进教师专业发展，推动教育均衡、优质发展。

一、聚焦教育均衡，引领农村校长成长

圭峰小学发挥校本研修示范校的带动辐射作用，首要是发挥"关键人物"的引领作用。关键人物指既能把握自己专业的成长走向，又能引领教师团队一道发展的人，包括校长、教研组长、骨干教师、师训专管员等。学校通过搭建平台、提供空间，使他们最大限度地发挥专业优长，从而"撬动学校的变革更新和教师的专业成长"。

2018年3月初，在江门市教育局的统筹指导下，笔者制订了"江门市冯家传专家工作室"年度工作计划。2018年4月，工作室成立指导专家组，由广东省第二师范学院专家龚孝华、刘永林两位教授担任工作室指导理论专家、深圳市宝安区坪洲小学张云鹰校长担任工作室实践导

师，通过《江门市冯家传专家工作室章程》和《江门市冯家传专家工作室发展规划（2018—2020）》，正式启动冯家传专家工作室研修活动。在研修过程中，我们依托专家指导，坚持边学边思边实践；立足教育教学，坚持推门听课，坚持立足一线参与校本教研；开展同伴互助，以谦虚的姿态主动与培养的学员开展学习交流；加强校际合作，以"走出去，请进来"的方式主动与农村兄弟校开展送教下乡交流，认真总结和反思学校管理，争取优质办学业绩。

二、培训农村校长，提升办学水平

一个好校长成就一所好学校。为切实履行"江门市专家工作室"主持人和江门市"名师名医名家"的职责，冯家传专家工作室把培养青年校长、乡镇校长，改观薄弱学校纳入自己的工作范围，希望将他们培养成有较高的教育理论水平，有较强的管理能力，有自己的办学思想的好校长，鼓励他们向书本学、向老师学、向学生学、向专家名师学，同时合理利用工作、交往、反思、观察、交流、实践，使学习真正成为自身专业发展的不竭动力，不断提升理论水平、管理水平和创新能力，形成自身独特的办学风格。

三、成为青年校长的领路人

江门市冯家传专家工作室着力引领青年校长，努力实现平台运作的最优化。除了与圭峰小学结对帮扶的5所薄弱学校校长外，工作室还经过严格筛选，确定了新会区城乡小学5位中青年骨干校长（副校长）为培养对象，一共10人，作为2018年度的工作室学员培养。此外，冯家传专家工作室还与新会区古井镇岭东北小学林维汉校长、新会区大泽镇大泽吕金铨学校李国安校长、新会区司前小学邹日昌校长、新会区司前镇王张瑞霞学校何吕胜校长、新会区司前镇白庙小学汤吉灵校长等，建立长期的指导与合作交流关系，先后举办学校管理经验交流讲座3次。通过结对帮扶，上述学校的教育教学质量有了较大的提高，在2018年新会区的调研测试中，教学成绩进步明显，几位校长还被评为区、镇优秀教育工作者。

至今，冯家传专家工作室已累计对80余位中小学校长实施了以提高校本研修活动质量为目的的专题培训，通过专题辅导讲授、参与互动交流、现场观摩体验、专家诊断指导、情景模拟演练等形式，帮助校长提升设计、指导、策划校本研修活动的能力。

四、辐射示范，带动薄弱学校成长卓见成效

圭峰小学充分发挥"样本校"的辐射示范作用，带动薄弱学校成长。2018年5月，圭峰小学承办了2018年江门市春季小学新课程课堂教学观摩交流活动，笔者承担"校长论坛"主讲，面向全市300多位校长做了《让幸福成为教育的不懈追求》——圭峰小学办学理念主题报告。在历时1.5 h的报告中，笔者从圭峰小学幸福教育理念的形成、幸福教育校园文化、幸福教育课程的设置、幸福名师的打造、幸福学生的培养等方面进行分享。整个报告反响热烈，得到点评专家江门市教研院吕锦文院长的高度评价与肯定，以及受到与会校长的广泛赞誉。另外，冯家传专家工作室在2018年先后接待江门市蓬江区新入职教师共4批次近50人到校跟岗学习。

冯家传专家工作室以圭峰小学为阵地，以江门市专家工作室为载

体，以城乡结对学校校长为培养对象，以"双向互动，共赢发展"为目的，创新开展"送教下乡"与"进城教研"相结合的帮扶模式，为骨干教师搭台，把学校的先进办学理念和教学模式辐射到乡镇兄弟学校。作为"江门市名师名家"及专家工作室主持人，笔者一直坚守一个信念：人的发展是动态的，培养人的教育也是动态的，教育奋斗者永远在路上！

在推进基础教育均衡发展的过程中，如何挖掘校本研修示范校等优质教育资源示范辐射作用的潜能，促进各学校的内涵发展，引领区域内基础教育整体水平的提升，是一个值得不断探索的问题。示范引领促成长，携手研修共发展，圭峰小学作为校本研修示范校在教育帮扶、交流合作中贡献了坚实的力量，展现了校本研修示范校的责任与担当。我们将继续奋斗在教育的路上，进一步深入、有效开展校本研修，充分发挥示范引领、辐射带动作用，继续与结对帮扶学校携手共进，提升受援学校教师教育教学能力和学校整体发展水平，促进教育高质量发展，助推本校研修工作再上新台阶。

第四章
围绕校本研修进行的高效课堂建设实践

要打造高品质课堂,学校必须立足于教师、学生和学习过程三要素。圭峰小学经过多年的实践探索,逐渐摸索出一套建设"开放·活力·高效"课堂的行之有效的办法。学校探索的"三五式"课堂教学模式,包括初学感知、自学展示、合作探究、共学解疑、达标测评五个模块,在课堂教学中强调三个"展示自我学习成果"。

第一节　构建"开放·活力·高效"课堂

"双减"政策的出台，要求减负、提质、增效。落实"双减"政策，课堂教学是主阵地，要提高教学质量，就要构建高品质课堂。追求优质的课堂是教育活动的核心主题，课堂教学改革已然成为这一时期课程改革的主旋律。时代发展呼唤高品质课堂，育人需要呼唤高品质课堂，课程改革呼唤高品质课堂。

高品质课堂大多具备"开放·活力·高效"三大特征：开放，指开放课堂活动，全体师生参与体验，重视各学科间的相通相融，关注课内课外学习活动的整合，建立由单一的知识灌输到立体多向互动；活力，指活力课堂倡导尊重学生个性的发展，在课堂上，学生有充分的思维碰撞，课堂有智慧的生成，让学生在原先基础上得到提升并且感受到幸福；高效，指高效的课堂，强调教学效率，重视"教"与"学"的效益，注重教学质量的提升，达成教与学过程的最佳效果，实现学生的持续发展。

要打造高品质课堂，学校必须立足于教师、学生和学习过程三要素，做好教学管理工作，关键是打造一支高品质的教师队伍。圭峰小学紧密结合学校工作实践，以提高学校教学质量和办学效益、促进教师专业发展和职业修养为目的的校本研修，在高效课堂建设实践中起到了关键性的作用。

一、构建高效课堂的研修目标

结合校本研修和各学科组的实际，圭峰小学确立以"幸福教育"建设为牵引，以学校、教师、学生可持续发展为宗旨，围绕"确定主题，研磨方案；典型示范，专业引领；个性化指导，分层推进"的研修思路，构建"研—教—学—训"一体化模式，构建"开放、活力、高效"的高品质课堂（我们称之为"幸福课堂"）。研修目标如下。

（一）以"幸福教育"建设为导向

圭峰小学以"幸福教育"建设为导向，以学校、教师、学生可持续发展为宗旨，确保每位教师均有"针对性策略化"专业成长的机会，确保每位学生均能接受"高水平高质量"的素质教育的机会，探索并构建"开放、活力、高效"的课堂教学模式。

（二）以新课标精神为指导

圭峰小学以新课标精神为指导，建立以学生为主体，教师为主导的课堂，尊重学生个性与差异，鼓励师生之间、学生之间的交往互动与共同发展，充分激发学生的学习活力和教师的教学活力，建构开放、高效的课堂。

（三）以"科研促进教学，教学实践科研"为手段

圭峰小学以"科研促进教学，教学实践科研"为手段，提高教师教育教学的能力，专业、高效解决教育教学中的具体问题和困难，加快教师的专业成长，形成独具一格的教学风格。从而促进圭峰小学教师更新教育观念，树立高效教学观，达到提高教师的整体素质和业务水平进而优化教学，更好地为学生的成长服务。

二、高效课堂的"三五式"课堂教学

圭峰小学提出"三五式"课堂教学模式，鼓励各学科组不断在日常的教育教学中勇于探索，推陈出新，意在开放、活力、高效的高品质课堂。

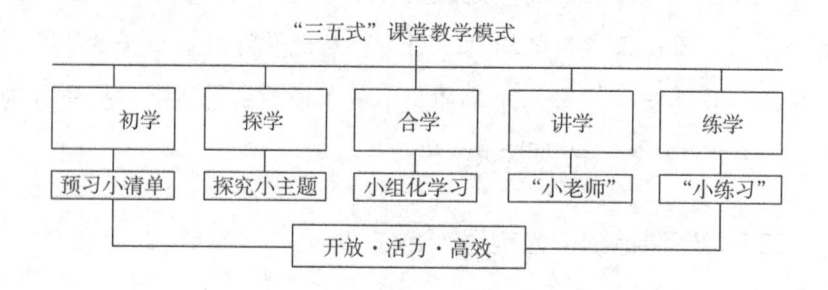

```
                "三五式"课堂教学模式
    ┌─────────┬─────────┬─────────┬─────────┐
   初学       探学       合学       讲学       练学
    │         │         │         │         │
 预习小清单  探究小主题  小组化学习  "小老师"   "小练习"
    └─────────┴────开放·活力·高效────┴─────────┘
```

（一）"三五式"课堂教学模式

"三五式"课堂教学模式包括初学感知、自学展示、合作探究、共学解疑、达标测评五个模块，在课堂教学中强调三个"展示自我学习成果"，具体如下：

1.初学——设计"预习小清单"，用以实现教学过程中的先学后教，优化教学效率。

2.探学——确立"探究小主题",通过自主学习提高学生的学习效率,在课堂教学中强调三个"展示自我学习成果"。

3.合学——加强"小组化学习",进一步凸显学生的学习主体意识,更好地发挥小组学习的作用,使学习面、知识量更大。

4.讲学——发挥"小老师"作用,共同解答疑难,并开展自觉共学模范组评选,对知识的掌握运用和感悟进行提炼提升。

5.练学——精心设计"小练习",找准训练点,在培养学生知识运用能力上下功夫,提升学习的质量与效率。

(二)"三五式"课堂教学的三目的、五体系

1.三目的

目的一:探索适合圭峰小学各学科特点的高效课堂教学模式,提高教学效率和质量,为教育集团探索出一条改变"缺乏生命活力的课堂教学"的高效教学路径,使课堂不仅成为学生学习的乐园,而且成为学生成长的乐土。

目的二:改变学生的学习方式,提高学生的学习能力,促进学生的全面发展,从而调动学生学习的积极性和主动性,从"要我学"转为"我要学"。面向全体学生,教师通过高效课堂引领学生走向高效学习,从而实现终身学习。

目的三:以研促教,加快教师的专业成长,从而促进圭峰小学教师更新教育观念,树立高效教学观,逐步提高教师的整体素质和业务水平,进而优化教学,更好地为学生的成长服务。

2.五体系

一是教学质量模型体系。通过本课题的研究,我们探索出提高课堂

教学效率和学校教学质量模型体系。

二是课堂教学组织形式体系。通过本课题的研究，学校探索出有效的课堂教学组织形式体系。最大限度地发挥学生的主体作用，使学生积极参与，乐学、会学，从而培养和提高学生的合作能力、实践能力和创新能力。

三是课堂评价体系。通过本课题的研究，探索出适合各学科特点和圭峰小学实际的高效课堂教学模式和课堂评价体系。

四是教师教研模型体系。通过本课题的研究，学校探索出教师教研模型体系。促使老师们加强学习和交流，打造一支爱学习、会研究的教师队伍。

五是学习交流活动体系。在研究过程中，教师探索出多种形式的学习交流活动体系，有效促进了学习型校园的创建，形成了积极向上的校园人文氛围。

第二节 高效课堂的研修路径

一、以理论学习为指引，高屋建瓴边科研边实践

圭峰小学明确"开放·活力·高效"的内涵，以理论学习为指引，

结合科研实践建构课堂教学模式。

开放——开放课堂即是活动多元。学生全体参与体验，重视学科融合，关注课内课外学习活动的整合，建立由单一的知识灌输到立体多向互动。

活力——活力课堂即是个性张扬。学生在课堂上有充分的、有思维的碰撞，有智慧的生成，从而在原先基础上得到提升并且感受到幸福。

高效——高效的课堂强调教学效率。教师重视"教"与"学"的效益，达成教与学过程的最佳效果，实现学生的持续发展。

三者之间相辅相成、相得益彰，又层次分明、提纲挈领，对构建圭峰小学的课堂教学模式起到指导的作用。

二、紧扣开放·活力·高效的内容，实践课堂教学理论

1. 开放的课堂教学

开放的课堂教学与传统的封闭性课堂教学相对立，其含义十分广泛，包括教学环境的开放、教学内容的开放、教学方法的开放、教学过程和教学评价的开放等，圭峰小学鼓励教师大胆实践开放的课堂教学，并取得了一定成效。

2. 活力的课堂教学

活力课堂是一种注重学生主体性、强调学生参与和互动的课堂教学模式。活力课堂应该具备探究、生成与思维三大要素。

探究。活力课堂注重学生的探究精神，鼓励学生在探究中学习新知识、理解新概念、掌握新技能。探究性学习有助于激发学生的学习兴趣和好奇心，培养他们的科学素养和解决问题的能力。

生成。活力课堂注重学生在学习过程中的参与和互动，强调生成性的学习结果。生成性学习包括学生的主动思考、讨论、交流和分享，以及在此基础上产生的新知识和技能。这种学习方式有助于培养学生的创新思维和表达能力。

思维。活力课堂注重学生的思维训练，尤其是高阶思维能力的培养。高阶思维能力包括批判性思维、创造性思维、问题解决能力和决策能力等。通过引导学生进行深度思考和推理，培养学生的逻辑思维能力和综合素质。

在活力课堂中，探究、生成与思维是相互促进、相辅相成的。探究性学习有助于激发学生的学习兴趣和好奇心，为生成性学习提供了基础；生成性学习又为学生提供了更多思考和交流的机会，促进思维训练和高阶思维能力的培养。同时，思维训练也为学生更好地进行探究和生成提供了支持和引导。

为了实现活力课堂的教学目标，教师需要转变传统的教学观念和方法，关注学生的个体差异和需求，创设有利于学生探究、生成和思维的教学环境，引导学生积极参与、主动思考、合作交流、实践创新。以数学活力课堂为例。探究是教学的生命线。数学课堂的探究性学习是形式多样的，可以在概念理解中探究，也可以在定理、公式推导中探究，还可以在纠错和问题解决中探究；生成是教学的催化剂。教师引导学生在动态生成的数学课堂中认识和理解数学概念、总结和提炼数学解题思路和方法，在理解的基础上生成数学知识结构，能够认识、理解和应用数学思想；思维活动是课堂活力的载体。数学活动既是思维的活动，又是独立思考思维活动的保证。教师以数学思想方法为手段，在知识形成的过程中向学生渗透数学思想方法，在问题解决的过程中，向学生揭示数学思路方法；在归纳总结的过程中，帮助学生提炼数学思想方法，让学生从被动接受知识转变为积极参与、主动探究的学习者。

3. 高效的课堂教学

高效的课堂教学不仅关注知识的传授，更注重学生能力的培养。通过多样化的教学方法和实践活动，教师能够培养学生的自主学习能力、创新思维能力、团队合作能力等关键能力，高效的课堂教学注重提高教学效率。教师通过科学的教学策略和方法，使学生在有限的时间内掌握更多的知识和技能。同时，通过及时的反馈和指导，教师帮助学生及时纠正错误和理解上的困惑，减少学习过程中的时间、精力浪费和无效努力。高效的课堂教学能够激发学生的学习兴趣和热情，教师以生动有趣的课堂活动和教学内容的设计，引导学生发现学习的乐趣和价值，激发他们的好奇心和求知欲。当学生对学习产生兴趣时，他们会更加积极主动地参与学习，提高学习效果。

在圭峰小学，高效的课堂教学要求做到"三讲""四坚决"。"三讲"即讲易混点、易错点、易漏点，"讲"不等于讲解，而是点拨。"四坚决"是学生自学能会的坚决不教；学生通过讨论能会的坚决不多讲；学生需要动手体会的教师坚决不包办代替；课堂作业坚决当堂完成。高效课堂要"有法可依"，这个"法"就是教学模式，它既规范"教的方式"，也规范"学的行为"。在教学实践中，圭峰小学经常采用以下的基本模式。

（1）"10+35"模式。即教师用10 min分配学习任务和予以点拨引导，学生用35 min进行"合作探究、展现拔高、串插巩固、达标测评"。

（2）"10+30+5"模式。即课堂的前10 min用来预习交流，教师引导学生归纳出疑点、发现问题；中间30 min，教师针对各小组提出的问题迅速进行整理，并结合自己准备好的新课教学设计，进行点拨、引导、分析、讲解：后 5 min，教师通过测评让学生迅速整理本节课的知识结构及知识要点。

基于以上的分析，我们不难发现，开放实际上是一种思想的指引，注重教学模式、方法和手段的运用；活力是课堂的外在表现，关键是根据不同的教学内容、学生实际和自身特长，科学地选择和运用实现激发课堂教学活力，通过引导学生动手操作，让其享受成功乐趣；高效既是目标，也是手段，在教学过程中拓展信息，深度探索问题，展开生动课堂的建构，能够使学生在实践中不断地探索和创新，学习能力得到飞速提升。

三、把握开放、活力、高效的主旨，实施课堂教学措施

1. 建立课堂教学教研制度

圭峰小学建立课堂教学教研制度，设立教研小组，开展常态化教学教研。学校根据学科和年级的差异，将教师分成若干个教研小组，定期举行教研活动。教研小组的职责包括组织教师进行课标解读、教材分析、教学研讨、案例分享等活动，每个小组由学科组长负责。

学校规定各教研小组组织学习时，将新课标、新理论、新观念、新思维、新方法的学习作为业务素质提高的重点，以案例分享分析。首先是教研小组将与课改有关的报刊上教改中的一些动态、实践经验、优秀的课堂教学设计案例、课堂教学点评等进行精选，推荐给教导处。其次是教导处将精选资料复印下发到每位教师手中，以学科组为单位组织学习，让教师细读，圈点、勾画、密批、写感受。这种定期的教研活动，提供了教师互相学习和交流的平台，教师的教学水平和研究能力得到了

提高。

2. 教研主题从教师的教学实践中来

圭峰小学的校本教研是解决本校及本校教师在教学及发展过程中的问题，主题主要来源于教师的教学实践。第一，校领导、教研组长在平时深入课堂听评课时，可以有意识地收集；第二，每一学年学校要求教师梳理提交自己对教材认识或某一类课或某一个问题的困惑，教导处再组织教研组研究、筛选确定教研主题，要求教研组、教师围绕主题开展活动或课堂教学。通过上述方法确立的主题非常贴近教学实际，很好地指导了学校的研修实践。

3. 骨干教师引领，上好示范课

骨干教师在课程改革、教学方法的改进上都走在前列，有对教材的深刻理解和把握，能够根据教学目标和学生的实际情况，合理选择教学内容，并进行优化组合。在教学过程中，骨干教师能够注重突出重点、难点和关键点，帮助学生掌握核心知识和技能。同时，骨干教师还善于根据学生的实际情况和学科特点，适时引入相关的学科前沿知识和实际应用案例，以增强教学的针对性和实用性。圭峰小学要求骨干教师积极发挥自身的引领作用，带动教师团队水平的提升，与同事们分享自己的教学经验和教学方法，帮助同事们提高教学水平和能力。为了让每一次主题研究得以落实，骨干教师亲自上课或指导上研究课，引领并落实主题研究。

4. 上好每节研讨课，以赛课为引领进行理论与实际的融合

圭峰小学以赛课为引领，带动教师进行教研理论与实践的融合。每名比赛教师课前都要从课标要求、学生状况、教学设计、多媒体课件准

备上精雕细琢，同时广泛征求大家的意见，其他教师给予无私的支援，提出中肯的意见，促进同伴互助专业成长。

教师团队的水平在评课中共同提高。每次校本教研的评课环节安排如下：首先由上课教师本人介绍课前准备、教学环节设计的意图、教学中如何体现课改要求以及课后的反思，然后听课教师从教师基本功、新课引入、新知与能力的生成、多边活动教学效果等方面归纳与总结。

圭峰小学建立智囊团备课制度，利用赛课平台，扎实校本教研，活跃教研氛围。我们以学科行政为引领，以智囊团备课组为依托，以学科组教研为载体，建立教研共同体，发挥团队智慧，推动赛课选手不断前进，走向更高的展示舞台，一步一步朝着教师成长的"金字塔"攀升。

学校倡导"闲聊式"教研方式，教师间利用课余时间，就某个教学问题或教育现象，进行闲谈，发表评论，努力获取有价值的教育教学经验。教师在同一办公室工作，处于相同的教育环境下，对于工作中存在的共同的、具体的、特殊的、真实的问题，大家都喜欢在办公室里交流。因此，办公室完全可以成为最好的教研场所，同一办公室的全体成员就成为一个"研究共同体"。

圭峰小学的教研活动主题鲜明，过程落实。每次活动开展前，教研组长会提前根据主题组织准备，如培训讲稿、教案设计、活动流程安排等。在呈报教导处指导后教研组长组织实施。

5. 智囊团聚焦课例本质，合力研磨

为达到最好效果，智囊团通过三磨多展的方式合力打造课例。一磨，个人说课、集体讨论、改进设计，团队初步形成一稿设计，并让教师进行上课展示；二磨，智囊团集体评课、再改进设计，待上课教师吸收熟悉教案后进行第二次的展示；三磨，智囊团集体评课、反思总结，让上课教师在展示过程中发挥优点，暴露缺点，以让教师再次强化优点、改掉缺点。

第三节　以校本研修成就高品位名师

"双减"政策的出台，要求中小学减负、提质、增效。落实"双减"政策，课堂教学是主阵地。要提高教学质量，学校就要构建高品质课堂。《义务教育语文课程标准（2022年版）》中提出：语文课程致力于全体学生核心素养的形成与发展，为学生学好其他课程打下基础；为学生形成正确的世界观、人生观、价值观，形成良好个性和健全人格打下基础；为培养学生求真创新的精神、实践能力和合作交流能力，促进德智体美劳全面发展及学生的终身发展打下基础。中国教育科学研究院李铁安博士在《高品质课堂的塑造》一文中说道：我们即使走得再远，也不应该忘记为什么而出发！追求优质的课堂是教育活动的核心主题，课堂教学改革成为这一时期课程改革的主旋律，时代发展呼唤高品质课堂，育人需要呼唤高品质课堂，课程改革呼唤高品质课堂。

何为高品质课堂？高品质课堂应该是以优质课堂为追求、充分落实"立德树人"根本任务和"促进学生健康成长"的课堂。笔者认为，高品质课堂其实就是一堂好课。以语文课堂为例：经过多年在语文教学上的探索，综合多位语文教育名家的观点，圭峰小学语文教研团队认为，一堂高品质的语文课，应具备"开放、活力、高效"三大特征，充分体现"大语文观"。

要打造高品质课堂，学校必须立足于教师、学生和学习过程三要素，做好教学管理工作，关键是打造一支高品位的教师队伍。习近平总书记强调："教育是一门'仁而爱人'的事业，爱是教育的灵魂，没有爱就没有教育"，要求全国广大教师做"有理想信念、有道德情操、有扎实学识、有仁爱之心"的"四有"好老师，做好学生成长的"四个引路人"，落实四个相统一，为发展具有中国特色、世界水平的现代教育，培养社会主义建设者和接班人做出更大贡献。

那如何打造一支高品位的名师队伍呢？笔者组织领导教师自主开展，紧密结合学校工作实践，以提高学校教学质量和办学效益、促进教师专业发展和职业修养为目的的教师在职培训形式，即校本研修，在此过程中起到了关键性的作用。校本研修培养教师队伍的探索经验与成果：一是从"带"上花心思，二是从"磨"上下功夫，三是从"台"上促提升。

一、在"带"上花心思，"青蓝工程"师徒结对助力教师成长

"学高为师，身正为范。""带"就是指师徒结对，这是圭峰小学的优良传统，自学校1994年复办以来，学校一直采用师徒结对的方式来助力青年教师的成长，笔者是其中一名受益者。

圭峰小学原名师范附属小学，新会师范是圭小坚强的后盾。笔者在学校复办的第二年参加工作，学校安排了师范的曾南元主任做其导师。在曾老师手把手的教导下，笔者代表学校参加新会区青年教师小学语文

教学观摩大赛获得一等奖。经过多年努力，笔者又幸运地登上全国科研研讨的舞台，所执教的《赵州桥》一课获得了全国研讨课一等奖。现在笔者也光荣地成为一名导师，幸福地传承着圭峰小学的优良传统，带领着徒弟们成长。十多年来，笔者指导的青年教师当中，有17人获得了广东省赛课奖励。

多年来，圭峰小学在带教老师方面多措并举，循序渐进，不断地进行完善，更好地助力青年教师成长。具体措施如下：

首先是目标定位的明确。圭峰小学给刚走上教学岗位的青年教师定下"一年合格，三年称职，五年成为骨干，十年成为名师"的目标，激励他们奋发前行。其次是结对方式的灵活。圭峰小学采取阶梯式的结对方式，随着教师教学水平和专业素养的逐步提升，从同年级的"一对一"结对带教，逐步扩展为"一对二"，当教师成长为年级首席名师时，就可以扩展到"一对N"，带教更多的青年教师。入职一年内的新老师进行入职带教，以站稳讲台为主。例如：李焕珠老师带着刚入职的李文君老师，重点从备课听课、调控课堂等方面进行带教，李文君老师一年就崭露头角了，2021年参加新会区新教师整本书阅读教学比赛，获得一等奖第一名。入职三年后的老师如果被选拔为学校苗子，就进行入室带教，让学校名师手把手从职业道德修养、教育教学理论素质、教育教学组织潜质和教育教学研究水平等方面进行带教。

二、在"磨"上下功夫，千锤百炼锻造高品质语文教师队伍

"磨"就是指磨课。从磨教材到磨目标、磨教学板块、磨过程设计、磨课堂教学细节，再到关注教学有效性，执教者与参与者共同经历这段过程，过程本身就成为青年教师收获成长的舞台。例如：曾志华老师执

教的口语交际课《我最喜欢的人物形象》，代表江门市参加第四届广东省小学语文青年教师教学比赛并荣获特了等奖。

"磨课"的过程，是教师团队重新解读课程标准、整合课程、对教法学法进行最优化选择、分析学情、联系社会生活实际、与同事交流、利用现代化信息技术的综合教研过程。一次次的"磨课"，更新了老师们的教学理念，优化了教学过程和环节，深化了课堂教学改革，更营造出了浓郁的教研氛围，促进了教师的成长，"磨"出了教师勇于创新实践、大胆探索的研究精神。在一次次"磨课"的历练中，林慧媛、张雪娟、邬丽薇、陈艳满、赵务云、梁翠婷、林达等一大批青年教师茁壮成长起来，并取得了不俗的业绩。

磨课其实是在"磨人"——磨出一支敢"打硬仗"的教师队伍。磨炼教师们迎难而上的精神、钻研教材的能力、精益求精的态度、挑战自我的勇气……就这样，我们"磨"出了一个又一个奖项。

磨课其实是在"磨团队"——磨出一支"狼性"的精英团队。智囊团的每一位成员都是在磨课中成长起来的，经历了过五关、斩六将的磨砺，不断蜕变，都具备了"狼性"够狠，够严。

磨课其实是在"磨集体"——磨出一个"温馨"的集体大家庭。讲一个真实的故事：2008年的冬天，学校的刘齐欢老师正在备战新会区青年教师阅读教学比赛。智囊团在备课环节卡住了，团队毫无头绪。于是智囊团去了副校长胡务娟家中请教研讨。深冬的凌晨寒气逼人，却挡不住我们磨课团队研讨的热情。最后，刘老师不负所望，夺得了新会区青年教师阅读比赛的一等奖。在圭峰小学，赛课团队备战到凌晨已经成为常事，团队成员以高尚的师德，无私奉献的精神，废寝忘食，挑灯夜战，这是圭峰小学独有的奋斗精神。至今，校内的每一节公开课都是以赛课、磨课模式进行的，彰显着团队的凝聚力和智慧结晶。

三、从"台"上促提升,搭建"五大平台",引领幸福教育之路

圭峰小学在实践中渐渐摸索出了培养青年教师、促进专业成长、搭建"五大平台"的经验做法,具体如下:

1.确立目标,专家引领,搭建专业发展平台。圭峰小学通过邀请专家学者传授先进教学理念,转变教师们的教育观念,更新教育思想,树立正确的教育观、质量观、人才观。

2.勤练内功,丰富积淀,搭建岗位练兵平台。圭峰小学每年都会有一场"春晚",这就是检验青年教师教学基本功的平台。教师们的三笔字、一口话等才艺表演都是"春晚"的重头戏,青年教师也在练兵和赛课中展示着自我的风采。

3.集体备课,同伴互助,搭建切磋交流平台。圭峰小学的集体备课为青年教师提供了优良的学习环境和智力支持。当教师们在教学活动中碰到一些共性的问题时,能够相互帮助,共同分享,这对于任何一个教师的专业成长都是极其宝贵的经验财富。

4.指导反思,及时改进,搭建提升理念平台。"没有反思就没有提高"。对于教师而言,没有一定经验的积累,难以形成对教育教学工作的驾驭能力。圭峰小学通过组织学习,应青年教师认识到反思是从一堂课开始(点),再到反思一段经历(线),最后反思某项改革或教学模式(面)的这样一段过程,通过教学反思成功之举和失败之处,青年教师不断改进,能够实现教学理念的提升。

正如叶澜教授所说"写一辈子教案不一定能成为名师,写三年教学反思则可能成为名师"。笔者一直在践行着叶澜教授的这句名言。从2017年开始,笔者坚持写教后反思,积累素才,撰写完成专著《让幸

福成为教育的不懈追求》，还在市区级、省级、国家级报刊中发表文章80多篇，没有反思，教师的职业生命只是"实践—实践—实践"的简单叠加，有了反思，教师的职业生命才能实现"实践—反思—提升"的螺旋式上升。

5.课题引领，务实求真，搭建科研探索平台。苏霍姆林斯基曾说过："如果你想让教师的劳动能够给教师带来乐趣，使天天上课不至于变成一种单调乏味的义务，那你就应当引导每一位教师走上从事研究这条幸福的道路上来。"一名教师要想真正在教学之路上走得更远一些，就要大胆务实，乐于探索，提升专业素养，进行教育科学研究。这是青年教师提高自身理论水平和教学能力的有效途径，也是青年教师实现专业成长的最好加油站。在教学中，圭峰小学提炼出大量研究的课题。近五年来，圭小申报了50个课题，以课题来引领教师的教学实践，吸取成功的先进经验，也让青年教师参与到课题的研究中，加速其自身成长，从而也推动了学校的发展，提升了学校办学的品位。

高品质课堂呼唤高品位老师。要打造高品质课堂，关键在于教师要回归育人为本的课堂本位，在坚持以学生为本的前提下，不断丰富自己的专业素养和历练自己高超的教学技艺。只要在自己的岗位上再多一份爱心，多一点细心，多一点热情，多一点执着，多一点钻研，多一点付出，多一点反思，相信我们的课堂一定会比现在的更精彩，更充满教学智慧，而我们的教育也就是在不断地付出和反思中向前发展。

第四节　集体备课制度是高效课堂的重要保障

传统的单一教学方式已经无法满足现代教学改革的需要，新课程的实施带来了全新的教学理念，强调高质量的课堂教学。而实现"好课"的前提是"备好课"，集体备课制度是一种有效的校本研修形式。

一、面对新课程，教师应该如何进行备课

面对新课程，教师需要进行系统性的备课工作，从理解新课程理念出发，认真分析教材、了解学生、设计教学目标、准备教学资源、设计教学环节到做好教学反思，从而更好地适应新课程的需求，提高教学质量和效果。

（一）深入理解新课程理念

与传统的课程相比，新课程更加强调学生的主体性、探究式学习、合作学习等。教师应仔细阅读教材，理解教材的内容、结构和意图，明确教材的重点和难点，通过分析和研究进一步需要深入理解新课程的理念和目标，并将其融到备课中。必要时在教学中可依托新课程理念对教材进行适当拓展和延伸，以适应学生的需求。

（二）深入解读教材，敢于超越

"用"教科书教，而非"教"教科书，是新课程理念的内核。教师在备课时应在深入解读教材的基础上，勇于发挥、敢于超越，展现出自己基于新课标理念对教材的研究、解读与思考。只有这样，教师的教学才能呈现出独具特色的教学创新与创造，而非照本宣科，这样才能更有效地达成教学目标，也避免使学生对学习感到厌倦。为了更好地适应新课程的要求，教师还需要具备独立思考和勇于创新的精神。例如：教师可根据当地和学生的实际情况，密切关注时政时事，并从生活中汲取新鲜素材，将其整理并融入自己的教学中。这种"发挥"与"超越"往往建立在教师深入研究教材，发现其中的内在逻辑和深层含义的基础上，从而能够灵活地在教学方法和策略上做出更契合学情实际的选择。同时，教师也需要敢于挑战和超越教科书的局限，将新的教学理念融入课程中，让学生在轻松愉悦的氛围中学习到更丰富、更实用的知识。这样，教师才能真正跳出教材，站在更高的层次上审视并超越教材。

（三）深入了解学生，以生为本

在传统教学中，教师往往将备课重点放在知识与技能上。新课程的课堂教学要求教师聚焦于学生的全面发展。这就要求教师在备课的过程中应首先着手了解学生的特点、需求和兴趣，在此基础上结合教学目标进行学情分析，并提出相应的教学策略和教学方法以解决教学重难点。在此基础上，教师才能更好地设计教学环节，以学生的全面发展为目标，不断优化备课内容和方式，满足学生的需求。

总之，面对新课程，教师在备课时既要深入解读教材，理解其内涵和精髓，又要超越教材的限制，灵活运用各种教学资源，使教材更好地服务于教学。只有这样，教师才能成为教材的主人，充分发挥教材的功能，使学生得到充分的学习和发展。

二、立足校本研修，实施有效集体备课

立足校本研修，有效的集体备课应如何操作？如何在集体备课中处理好"效率与效果""同与异""教与研"的关系？在集体备课中理应树立怎样的意识？这是我们开展有效集体备课亟须解决的现实问题。

提到集体备课，很多老师都认为：圭峰小学做到了定时、定点、定人、定主题；集体备课活动记录也非常翔实；研讨也比较充分，并形成了一体化教案……大量数据足以证明，圭峰小学的集体备课活动展开得有形有据。但令人不解的是，有时，我们总感到课堂教学的实效并不明显，很多教师的专业成长也没有收到预期的效果。究其原因，我们的集体备课也许未能真正做到"对症下药"，也许还流于形式。比如：集体备课时，有的老师在批阅学生作业或东拉西扯聊一通，白白浪费时间；活动记录虽翔实，但无实质性内容，仅仅提纲挈领式的知识点罗列，主要是为了应付检查；集体备课时，一位老师主备、主讲，其他老师不愿意参与，个别老师留一手；还有的老师将集体备课形成的一体化预案弃之一旁，到了课堂上仍然用自己的一套……圭峰小学直面困难，立足校本研修，用有效集体备课解决了问题。

（一）实施有效集体备课的"四大"流程

圭峰小学在确定研究主题时，采用"四大"落实集体备课的内容。每名教师都要对集体备课的课题有预案，为集体讨论做好铺垫。备课者要做到"脑中有课标、腹中有课本、目中有学生、心中有方法"。每个

教师根据个人的特长，提出"解决问题"的办法，对同一堂课实行备课，即初步完成"确定目标、重点难点分析、教学过程设计、资源利用"等方案预设。

圭峰小学以备课组为单位实行集体活动，承担上课的教师负责主讲，介绍"解决问题"的办法和途径，分析教学目标、重点、难点和教学过程设计，提供多媒体教学素材等，其他教师则要围绕四个问题展开深入讨论，第一个问题：你打算这节课让学生获得什么？（目标问题）；第二个问题：你打算用多长时间让学生获得？（效率问题）；第三个问题，你打算让学生怎样获得？（方法问题）；第四个问题，你怎么知道学生已经达到了你的要求，有多少学生达到了你的要求？（达标问题）。

（二）实施有效集体备课要处理好"三对"关系

1. 理想与现实：效率优先，追求有效性

教师在教研活动时，设计往往偏向于理想化，感觉"这样做"会产生好的效果。但真正实施时，教师却发现效果并不理想。因此，教师应在理想与现实中注重学情，选择适合自己的教学设计，追求教学的有效性。

2. 同与异：和而不同，体现差异性

当前各学科的集体备课表现出一个共同点，就是强调统一、一致。也就是说，通过集体备课对问题形成共识，教案、学案统一，甚至教学方法都完全一致。这种做法解放了绝大部分任科教师（尤其是兼任学科多、任教班级多的教师），他们不用再把教学设计视为身心的负担，也不用再把时间和精力过多地花费在教案的撰写上。但是，这正是长期以来导致集体备课低效的原因之一。

我们知道，差异性是事物的重要特质。扼杀差异，过于趋同，必然会导致教师思维水平退化，使集体备课效果弱化。事实上，个性化的"自留地"能够引导任科教师将时间和精力转移投放到对教材与学情的把握上、投放到对教案的个性化改进上，投放到对教学的反思中，这才是一条真正务实高效的，教师专业化成长的快车道，能真正让集体备课焕发生机和活力。

3. 教与研：切磋琢磨，聚焦研究性

教学和研究统属于整体教学活动，我们要辩证地看待教与研的关系，教是目的，研是手段，研为教服务，教以研升华。在教学中，低效的集体备课存在的最大问题就是研究性缺失。研究性是集体备课的生命力所在。低效课、无效课往往是由于研究性不足、不到位造成的。所以我们要追求课堂教学的高效益，就要在集体备课中聚焦研究性，通过问题探究、评课交流、教学反思等多种形式，引导教师切磋琢磨，在研中分享，在研中成长，在研中持续提升集体备课的实效。

（三）树立有效集体备课的"三种"意识

1. "谦虚"意识

"三人行，必有我师焉"。每位教师都有其闪光之处，用自己的短处去比别人的长处，会觉得学无止境。每一个人都要学会虚心学习、善于接受。"一种思想与另一种思想交换，可以形成两种思想""研讨出真知，研讨出效率"，我们每个人都在一定程度上拥有别人所不具备的某些方面的知识、技能或能力，同时我们也有不如人的地方，这正是人与人之间应该相互学习的根源所在。学习行为的延续取决于两个方面：一是知识传递者愿意传递。二是知识接纳者愿意接纳。因此，对每个人来讲，对学习始终保持开放的、求学的心态是非常重要的。

2."责任"意识

我为人人，人人为我。只有每位教师都能毫无保留地奉献自己的智慧，才能营造和谐宽松的研究氛围。集体备课时，主讲人通过和同事的对话，要讲清楚"教什么"，即对文本进行个性化解读，需要教师吃透教材；要讲明白"怎么教"，即针对专题，针对文本，针对学情，提出切实可行的教学策略，需要教师具备丰厚的教学功底；还要阐明"为什么这么教"，必然要教师联系教育学、心理学等教育理论，联系新课程理念等，把理论和实践紧密结合起来，进行深入浅出地讲解。参与者若没有平时的学习、积淀，是无法阐述的。这在无形中促进教师重视平时对教学专著的学习，对优秀教学经验的学习，对优秀课例的剖析等。因此，可以说有效集体备课，不仅解决了眼前的教学策略问题，同时，必然迫使教师自觉学习专业知识，从而提升专业水平，以达到促进教师专业化成长的目的。而且，集体备课时，教师在小群体中短时高效的碰撞，对教师间开启思维，点亮智慧，对教师个体的多元发展等会起到事半功倍的效果。以前我们集体备课的着眼点只倾向于课堂教学设计，如今的有效集体备课不仅关注课堂教学设计，更关注教师的专业化成长、发展。当集体备课的着眼点多了，眼界开阔了，更利于教师成长了，就会吸引教师广泛主动参与。

3."反思"意识

教案的形成需要一个过程——这是一个教学前不断改进，教学后日臻完善的动态生成的过程；对于任科教师而言，则是一个真实的"设计—实践—反思—完善"的专业化成长的过程。通过对教学行为的反思来提高教学能力是教师成长的重要途径。教师参加集体备课，将教学方案付诸课堂实践，并对自己的教学过程进行评判性反思和分析，研究并总结出最基本的教学原始资料（教后记），为积累教学经验奠定基础。

每位学生发展的背后，是教师的全员发展。教、研结合，是促进教师可持续发展的保障。有效集体备课也应是以教师专业发展为本的一种教研机制，是一种坦诚、包容的学习文化，建立在教师的主观需要、真心参与、真诚交流、虚心借鉴的基础之上。有效集体备课也是一种资源，是取之不尽的再生资源，没有人能够购买、复制或消灭一个组织的学习能力、研究能力和反思能力，只要我们真心实意地实施有效集体备课，必将获取促进教学质量提升的第一生产力；同时，有效集体备课又是一个过程，是一个必须坚持的持续修炼过程，是一个不断深化发展的过程。只要我们激情地投入，静心地坚守，就能通过有效集体备课最大限度地实现有效教学，从而逐步改变过去那种教而不思、教而不研，学而不思、学而不研的状况，使师生共同在反思中提高，在研究中成长。

三、立足校本教研建立集体备课制度

（一）校本教研与集体备课的关系

集体备课的意义在于集思广益，将个人的智慧与团队力量相结合，形成集体优势提高教学质量。它不仅是一个单向分工合作的过程，更是一个相互学习、相互支持、共同成长的过程。集体备课的过程，是教师团队以教师之间的协作为纽带，通过共同探讨、交流和分享教学经验、教学资源和方法，设计出具有个性化和共性化特色的教学活动过程。集体备课制度具有优越性，它能够让教师们相互帮助、协同工作、减轻负担，还能够激发教师的创新意识、增强创造创新动力，而这一切也正是校本教研的目标所在。

通过集体备课，可以促进教师队伍的进一步专业发展。教师可以展示自己的教学观点、碰撞教学思想、交流教学经验，还可以建立团队协作备课、互动分享教学思想，从而提高课堂教学效率，提高学生的学习质量。因此，我们应该重视校本教研与集体备课间的相互联系与作用，积极发挥集体智慧和力量的优势，共同推动学校校本教研的发展，促进学校的高质量发展。

（二）如何基于校本研修开展集体备课

基于校本研修开展集体备课是一个全面、系统的过程，可以不断提高教师的教学水平及教学质量，进而促进学校的发展和进步。因而应抓牢落实校本研修融于集体备课的全流程环节，以确保教学实施效果。

1. 确定研修主题

在开展集体备课之前，我们需要明确研修主题，以便为后续的备课和教学提供指导和帮助。研修主题可以是教学理念、教学方法、教学资源等方面的内容，根据学校和教师的实际情况进行选择和确定。结合圭峰小学实践，笔者认为研修主题的确定应聚焦于各学科组或各年级组教师在教学中存在的共性问题，如教学中的薄弱之处、困惑之处等。这些在教学实践中产生或暴露出来的共性问题，更具有研修价值，如能落实在备课内容中，将产生立竿见影的效果。

2. 明确集体备课流程

（1）准备。在准备阶段，我们需要对研修主题进行深入的分析和研究，了解相关的文献和资料，并制订详细的备课计划。此外，还需要对教学对象进行分析，了解学生的实际情况和需求。

（2）上课。在教学阶段，我们需要按照备课计划进行实际教学，并记录教学情况和效果。在教学过程中，需要注意观察学生的反应和表现，并及时调整教学策略。

（3）反思。在反思阶段，我们需要对教学过程进行全面的分析和总结，找出优点和不足之处，并提出改进措施。同时，还需要对教学效果进行评估，了解学生的学习情况和进步情况。

3. 研讨分析备课内容

在备课过程中，教师团队可通过对教材、教辅、网络资源等的分析和研究，根据学生的实际情况和需求研究探讨合适的教学内容和方法。比如：教师应先了解学生的知识水平、学习习惯、兴趣爱好等方面的实际情况和需求，再根据学生的实际情况和需求进行选择和调整教学内容和方法。

4. 教学效果评估与反思

在承担上课的教师完成公开课教学后，同学科组参加观课的教师们需要对照预设的教学方案进行跟踪讨论，并对教学效果进行全面的评估和反思。评估内容包括学生的学习情况、教师的教学效果等方面。同时，还需要对教学过程中出现的问题和不足之处进行反思和总结，并提出改进措施。反思内容则涵盖经验教训的总结、新问题的出现与解决、教学策略的进一步完善、教学设计的新一轮研讨等，所有这些对于教师队伍的成长与发展都将带来极大帮助。

5. 资源共享与整合

在集体备课过程中，资源共享与整合是必不可少的一部分。教师们可以共享教学资料、教学经验等方面的资源，以便更好地提高教学质量和效果。同时，还需要对集体备课的过程进行整合和优化，以便更好地发挥集体智慧和力量。

（三）校本教研对集体备课认识的误区

随着新课程改革的不断深入，校本教研逐渐成为学校提高教学质量的重要手段。集体备课作为校本教研的重要组成部分，对于发挥教师团队协作、提高课堂教学效果具有积极意义。然而，在校本教研的实践中，对于集体备课的认识存在一些误区。

1. 忽略教师教学个性。集体备课是在保证教学大纲和教学目标的前提下，结合教师个人经验和教学风格进行的。然而，有些学校在集体备课过程中，往往忽略教师的个性化教学需求，导致教师在教学中缺乏自主性和创新性。因此，在集体备课中，应充分考虑教师的个性化教学需求，鼓励教师发挥自身特长，开展有特色的教学工作。

2. 备课形式缺乏多样性。集体备课的形式可以多种多样，例如：同课教师相互听课、集体讨论、分享教学经验等。然而，有些学校在集体备课过程中，形式过于单一，缺乏多样性，导致教师参与度不高，效果不显著。因此，在集体备课中，应采用多种形式，激发教师参与的积极性，提高备课效果。

3. 内容侧重考试而忽略育人。集体备课时，应注重如何更好地关注学生的需求和兴趣，促进学生综合素质的提升。然而，有些教师在集体备课时，过于侧重考试内容，忽略了学生的育人需求，导致教学缺乏趣味性和吸引力。因此，在集体备课时，应充分考虑学生的需求和兴趣，将育人理念融入教学中，提升学生的综合素质。

4. 缺乏深入的教学反思。教学反思是提高教学质量的重要手段，需要真正做到以教师为中心，切实提高教学质量。然而，有些学校在集体备课过程中，缺乏深入的教学反思环节，导致教师无法及时发现和解决问题。因此，在集体备课中，应加强教学反思环节的设置，鼓励教师对教学过程进行深入思考和总结，不断提高教学质量。

5. 缺乏对课程的全面理解。教师需要全面了解所教课程的内涵和体系，掌握课程的理念、内容和实施方法，更好地提升教学质量。然而，有些教师在集体备课时，缺乏对课程的全面理解，导致教学目标不明确，教学内容不规范。因此，在集体备课时，教师应加强对课程的理解和掌握，明确教学目标和教学内容，确保教学的科学性和有效性。

6. 缺乏有效的沟通与合作。有效的沟通与合作是提高教学质量的重要保障，需要加强教师之间的沟通交流，促进合作式学习。然而，有些学校在集体备课过程中，缺乏有效的沟通与合作机制，导致教师之间存在隔阂和竞争关系。因此，在集体备课中，应建立良好的沟通与合作机制，鼓励教师分享经验、互相学习、共同进步。

7. 忽略学生的需求和兴趣。学生是教学的主体，需要充分考虑学生的需求和兴趣，促进学生的个性化发展。然而，有些教师在集体备课时，忽略了学生的需求和兴趣，导致教学内容和方法不符合学生的实际情况。因此，在集体备课时，应充分了解学生的特点和需求，根据学生的实际情况制订教学内容和方法，提高教学效果和质量。

总之，校本教研中的集体备课对于提高教学质量具有积极意义。然而，对于集体备课的认识误区需要引起重视并加以解决。只有充分考虑教师的个性化教学需求、丰富备课形式、关注学生需求和兴趣、加强教学反思和课程理解、建立有效的沟通与合作机制等方能充分发挥集体备课的优势并提高教学质量。

第五章
锤炼一支扎实做校本研修的教师队伍

做好教学管理工作,关键是打造一支高品质的教师队伍。圭峰小学以新课标、新教材、新策略的教学研究及培训作为教师研修的第一步,构建走进新课程学习方案,通过"新旧课程对比""新课程理念""教师角色之变"等专题学习,让大家认识到教师将由课程的"解释者"转变为课程的主动开发者,承担着对课程的调整或"二次加工"的研究重任。

第一节　校本研修突破教师成长的瓶颈

随着基础教育课程改革的不断深化，教师的专业成长问题日益凸显。教师如何突破自己在成长道路上的瓶颈约束？这就要求教师不断学习新的知识和技能、不断反思自己的教学实践，研究教育教学问题，探索新的教育模式和方法，积极寻求支持和指导，关注个人成长和建立良好的人际关系，拓展兴趣爱好和生活方式，以更好地适应教育改革和发展的需要。

一、教师成长的几个瓶颈

（一）瓶颈一：教学中是否坚持育人为本

教师的主要职责是教书育人。育人是教育的根本目的，教师的一切工作都应该围绕这一目的展开。坚持育人为本，可以使未来的教师具备更加优秀的教育素养和道德品质，更好地适应教育改革和发展的需要；坚持育人为本，可以帮助教师更好地理解教育的本质和意义，提高教师的职业素养和教育教学能力，为培养更多优秀人才做出贡献；坚持育人为本也是教师个人成长和发展的需要。教师只有具备了良好的教育素养和道德品质，才能更好地发挥自己的专业特长，为学生的成长和发展做出更大的贡献。

教育作为有意识影响学生成长和发展的实践活动，不仅发生在制度化的师生交往过程中，而且还广泛存在于日常的学校生活实践当中。即教育既可以通过课堂这样显性、直接的方式作用于学生的成长和发展，也可以通过师生的日常互动对学生产生深刻的影响。

在显性、直接的方式中，教师通过教学计划、课程设置、教学方法等手段，将知识和技能传授给学生，培养学生的认知、情感、社交等多方面的能力。这种教学方式是教育的主渠道，能够让学生在短时间内获得比较系统的知识和技能，提高他们的学习效率和竞争力。

而在日常互动中，教师则通过与学生的交往、言传身教等方式，对学生产生深刻的影响。这种影响不仅包括知识、技能方面的传授，更包括价值观、人生观、世界观等方面的引导和熏陶。通过日常互动，学生可以感受到教师的敬业精神、人格魅力、学术造诣等，从而受到潜移默化的影响。

因此，育人为本的核心要义在于教师应关注学生的全面发展，包括身体、知识、技能、道德、情感等多方面，帮助学生塑造健康的体魄，培养积极的心态，引导学生树立正确的世界观、人生观和价值观，培养具有良好道德品质的公民。育人为本的教育既需要显性、直接的方式，也需要日常互动的方式。这两种方式相互补充，共同作用于学生的成长和发展。作为教师需要不断探索和创新教育方式方法，更好地发挥教育的作用，为学生的成长和发展提供更好的支持。

（二）瓶颈二：把成绩看作唯一衡量标准

教师成长过程中，确实存在一些成长瓶颈和误区，其中之一就是把成绩看作是衡量教师成长的唯一标准。这种观念在教育领域中普遍存在，但实际上，它并不能全面反映教师的综合素质和教育能力。

首先，把成绩看作唯一衡量标准容易导致教师过于关注学生的考试成绩，而忽视了学生的其他方面的发展。学生的发展是多元化的，包括知识、技能、情感、社交等多个方面。如果教师只关注成绩，就可能忽略学生在其他方面的发展需求，从而影响学生的全面成长。

其次，把成绩看作唯一衡量标准容易使教师产生焦虑和压力。在教育领域竞争激烈，教师的竞争压力很大。如果教师过度关注学生的成绩，而忽略了自己的专业发展和个人成长，就可能产生焦虑和压力，影响其工作表现和身心健康。

最后，把成绩看作唯一衡量标准不利于教师的专业成长和发展。教师的专业能力和个人素质是多方面的，包括教学技能、专业知识、人际交往能力、组织管理能力等。如果教师只关注成绩，就可能忽略其他方面的能力提升和发展需求，从而限制了其专业成长和个人发展的空间。

因此，要突破教师成长瓶颈和误区，需要摆脱"成绩唯一论"的观念，建立多元化的评价标准，关注学生的全面发展，同时也关注教师的专业成长和个人发展。教育部门和学校应该为教师提供更多的培训和发展机会，鼓励教师不断学习和提升自己的专业能力。此外，教师也应该积极拓展自己的知识面和技能领域，不断提高自己的综合素质和教育能力。

（三）瓶颈三：专业成长中重视方法而迷失方向

教师成长过程中，另一个常见的成长瓶颈和误区是过于重视教学方法而迷失了专业成长的方向。在教育领域中，教学方法是教师必须掌握的重要技能之一，但仅仅关注教学方法而忽略专业成长的方向容易导致教师陷入机械化和形式化的教育模式中。

首先，过于重视教学方法容易使教师忽略学生的需求和特点。教学方法是为学生服务的，如果教师只关注教学方法而忽略了学生的需求和特点，就可能无法有效地传递知识和技能，同时也可能影响学生的学习效果。

其次，过于重视教学方法容易使教师忽略自身的专业发展和个人成长。教学方法是不断更新和发展的，如果教师只关注教学方法而忽略了自身的专业发展和个人成长，就可能无法适应教育领域的变化和发展，同时也可能限制了自身的发展空间。

最后，过于重视教学方法不利于教师的职业发展和教育事业的进步。教育是一项充满挑战和变革的事业，如果教师只关注教学方法而忽略了其他方面的能力提升和发展需求，就可能无法应对教育领域的变革和挑战，同时也可能影响到教育事业的发展和进步。

因此，要突破教师成长瓶颈和误区，需要平衡教学方法和专业成长的方向。教师需要在教学过程中不断探索和创新教学方法，同时也需要关注学生的需求和特点，以及自身的专业发展和个人成长。教育部门和学校应该为教师提供更多的培训和发展机会，鼓励教师不断学习和提升自己的专业能力，同时也应该引导教师关注学生的需求和特点，以及教育事业的发展和进步。

（四）瓶颈四：用学历代替学养

在教育领域中，教师的成长和发展是一个持续的过程，需要不断地学习、实践和反思。然而，在现实中，一些教师存在用学历代替学养的误区，这不仅影响了他们的专业成长，也影响了学生的学习效果。

1. 过度重视学历提升，忽略专业素养的培养

许多教师认为只有不断提高学历，才能更好地进行教学工作。他们把大量的时间和精力投入在学术研究上，而忽略了对专业素养的培养。这种做法会导致教师过于关注学术方面的提升，而无法全面考虑学生的需求，从而影响了教学质量。教师在提高学历的同时，也要注重自身专业素养的培养。通过参加各类专业培训、教育研讨会、学术交流等活动，教师可以不断提升自己的专业知识和技能。此外，教师还应关注教育发展趋势，了解最新的教育理念和方法，以更好地服务于学生。

2. 学术理论缺乏实践检验，教学能力停滞不前

教师在学术理论方面付出的努力，也需要通过实践来检验。如果教师只是学习理论知识，而不去考虑如何应用到实际教学中，那么他们的教学能力将停滞不前。这不仅会影响学生的学习效果，也会影响教师的个人成长。教师需要在学术理论和实践之间建立联系。通过参加教育实践活动、观摩其他优秀教师的教学过程、反思自己的教学实践等方式，教师可以不断将学术理论转化为教学能力。此外，教师还应关注学生的反馈，根据学生的需求和特点调整教学方法和策略。

3. 简单认为高学历等于高能力，忽视持续学习的需求

一些教师简单地将学历等同于能力，认为只要拥有高学历，就一定能够做好教学工作。然而，这种观点恰恰与持续学习的理念相悖。在知识更新速度日益加快的今天，教师需要不断更新自己的知识，以提高教学质量和效果。教师应该转变观念，认识到高学历并不等于高能力。在追求学历提升的同时，也要注重自身能力的提高。通过参加各类进修课程、网络学习、学术会议等活动，教师可以不断更新自己的知识和技能，以满足教育工作的需求和学生发展的需要。

4. 学历成为衡量价值的唯一标准，忽视教育工作的复杂性

在许多学校中，学历仍然是最重要的衡量指标。这会导致教师过于追求学历而忽略其他更重要的因素，如学生的个体差异和多元智能理论等。教育工作是一项复杂的任务，需要教师具备多方面的能力和素养。学校应该改变单一的衡量标准，建立更为全面的评价体系。在评价教师时，除了考虑学历因素外，还应关注教师的教学水平、教育创新能力、学生个体差异等方面的表现。同时，学校可以开展多元智能理论方面的培训，帮助教师了解学生的个体差异并采取针对性的教学策略。

5. 过于依赖学历作为评估指标，忽视个体差异和多元智能理论

教师在进行自我评估或接受他人评估时，如果过于依赖学历作为评估指标，就容易忽视个体差异和多元智能理论的重要性。每个学生都有其独特的天赋和潜能，教师需要关注学生的个体差异并采用多元化的教育方式来促进学生的发展。教师在进行自我评估或接受他人评估时，应结合多方面的因素进行综合考虑。除了学历之外，还应关注自己的教

学水平、教育创新能力、学生个体差异等方面的表现。同时，教师应了解多元智能理论并应用于教学实践，关注学生的多元化发展需求并采取针对性的教学策略。这样才能够更好地促进学生的发展并提高教学质量。

　　教育事业在不断发展和变革，对教师的素质和能力也提出了更高的要求。教师成长过程中的瓶颈和误区不仅影响了教师的专业成长，使教师陷入职业发展停滞期，还会影响教师的教学效果，导致学生缺乏学习兴趣和动力，最终影响到学校的教育质量。教育变革是教育发展的必然趋势，教师应积极主动地适应和应对教育变革的要求，主动学习和掌握新的教育理念和方法，树立终身学习的观念，培养持续学习的习惯和能力。同时，学校和教育部门应该为教师提供更多的变革支持和资源，如开展教育变革培训、提供实践机会等，促进教师的教育变革和个人成长。

二、校本研修突破教师成长的瓶颈

　　校本研修是促进教师专业成长的重要途径，它强调教师在研修中的主体地位，通过激发教师的主动性和创造性，提高教师的教育教学能力和专业素养。笔者认为，利用校本研修突破教师成长的瓶颈，有效发挥教师在校本研修中的主体作用，需要学校建立完善的支持体系、激发教师的主动性和创造性、加强教师间的合作与交流、关注教师的心理健康和个人成长需求以及建立科学的评估机制等多方面的努力。只有通过这些措施的实施，才能更好地促进教师的专业成长和发展。在实践中，圭峰小学开展了以下工作。

（一）开辟多条教师培训途径实现专家引领

教师是校本研修的主体，只有激发教师的主动性和创造性，才能使研修真正发挥应有的作用。圭峰小学建立了教师专业发展支持体系，为教师提供个性化的研修计划和培训课程，同时鼓励教师参加各类学术会议、研讨会和研修班等活动，组织教师参加骨干教师研修项目培训、学科专家报告会、名师示范展示课等活动，还聘请教育专家走进学校为老师做专题报告。这些举措有效地提高了教师的学科专业素养和教育教学理论水平。与此同时，学校还建立了教师专业发展档案，记录教师的成长历程和研修成果，为教师提供持续的反馈和支持。

（二）开展多种教研活动落实同伴互助

教师间的合作与交流是校本研修的重要方式之一。圭峰小学组织教师参与团队研修，通过集体备课、听课评课、课题研究等方式，促进教师间的合作与交流。此外，学校还鼓励教师参与校际的合作与交流，引入外部优质资源，拓展教师的视野和思路。具体举措如下。

1. 创设教研氛围，开展集体备课

开展集体备课是一种促进教师合作与交流、提高教学质量的重要措施。通过集体备课，可以共同探讨解决问题的方法、分享教学经验、分工合作提高效率，同时也可以帮助教师共同成长和提升。圭峰小学以年级组为单位，有效开展集体备课，整合教师们的智慧和资源，让教师在

备课时不再孤单。通过分工合作、共同研讨，教师可以提高备课效率和质量，更好地满足了学生的学习需求。

备课是一种"行动研究"，让教师在实践中以解决实际问题为目的的不断探索和反思，同伴之间针对具体问题展开讨论和研究，寻找最佳解决方案，从而提高了教学能力和专业素养。在集体备课时，各学科组教师可以共同探讨解决问题的方法、分享教学经验，相互学习和借鉴。这种合作与交流有效地促进了教师间的互动和成长，提高了教师的整体素质，促进了教师间的合作与交流，让教师对教材有更全面、更深刻的了解，把握得更到位。通过共同讨论和交流，教师可以找到更好的教学方法和策略，优化教育教学过程，提高教学效果。

2.组织"三课"活动，在观摩研讨中共同成长

圭峰小学充分发挥本校教学名师的示范带动作用，将教学名师示范课、骨干教师研讨课、青年教师汇报课"三课"活动作为行之有效的校本教研活动方式，有力地促进了教师间的交流和学习，极大提高了学校的教学质量和效果。

圭峰小学邀请知名教师或学科带头人等经验丰富的教师来到学校进行教学名师示范课授课，让其他教师学习优秀的教学方法和策略，提高自己的教学水平。通过观摩示范课，教师可以了解不同的教学方法和手段，学习如何处理教材、设计教学方案等，同时也可以借鉴优秀教师的教学风格和语言表达能力等。

圭峰小学还为骨干教师提供了一个展示和交流的平台，开展骨干教师研讨课，为青年教师和其他教师提供了一个学习和研讨的机会。通过

骨干教师的授课和研讨，教师们不仅能够了解学科前沿动态和教学研究进展，学习如何开展教学研究和实践，同时还可以借鉴骨干教师的教育理念和教学方法等。

青年教师汇报课为青年教师提供了一个展示和汇报的平台，同时也为其他教师提供一个了解和认识的机会。通过青年教师的授课和汇报，教师可以了解青年教师的教学方法和手段，学习如何适应现代教育的需求和变化，同时也可以为青年教师提供指导和帮助，促进其成长和发展。

"三课"活动有效地促进了圭峰小学教师间的交流和学习，提高了教学质量和效果。通过观摩示范课、研讨课和汇报课，教师们学习和交流了不同的教学方法和策略，打开了关注学科前沿动态和教学研究进展的新视野，促进了教师队伍的整体发展和提升。

3. 实施"磨课"教研，发挥集体力量打磨一堂课

圭峰小学实施"磨课"教研活动，组织青年教师积极参与录课活动，旨在通过集体备课、磨课研讨、录课展示和主题式研讨等方式，提高青年教师的教学能力和课堂教学效果。一般来说，在确定教学研讨主题后，备课组集体磨课研讨，发挥备课组集体力量打磨一堂课，并在进行校级展示后再进行主题式研讨，围绕教学主要问题，探讨更为有效的教学方法，使教师在活动中成长，提升课堂的教学能力。其具体过程分为准备阶段、磨课阶段、展示与研讨、总结与反思四个阶段。

准备阶段。在"磨课"活动开始前，学校会安排专门的培训和准备时间，让老师们了解活动的内容、流程和要求。同时，还会邀请经验丰富的老师进行示范授课，让青年教师们更好地理解磨课的意义和方法。

磨课阶段。在确定教学研讨主题后，备课组会集体磨课研讨，发挥备课组集体力量来打磨一堂课。在这个过程中，老师们会共同探讨教材内容、教学目标、教学方法等，并相互交流个人的教学心得和体会。通过集思广益，形成一份完善的教案，为后续的录课展示做好充分的准备。

展示与研讨阶段。在完成磨课阶段后，学校会安排校级展示，将青年教师的授课过程进行录制并展示给全校教师。在展示过程中，老师们可以观摩授课过程，了解实际教学效果。随后，学校会组织主题式研讨，围绕教学主要问题，探讨更为有效的教学方法。通过深入讨论和交流，使教师在活动中成长，提升课堂教学能力。

总结与反思阶段。在活动结束后，学校会进行总结与反思，分析活动的成功和不足之处。针对存在的问题和不足，学校会制订改进方案，以便今后的活动能够更加顺利地进行。同时，学校还会鼓励老师们撰写教学反思和心得体会，总结自己的收获和成长，为今后的教学工作提供宝贵的经验。

4. 开展教学评优，在竞争与合作中体验成功

教学评优活动是提高教学质量的有效途径。学校是一个整体，开展教学评优活动能够增强学校的凝聚力，让学校更加有活力、动力和竞争力。通过开展教学评优活动，学校可以发现教学中存在的问题，并及时改进，提升整体教学质量。同时，教师为了获得更好的评价，也会更加注重教学方法和策略的改进，提高教学效果。

圭峰小学通过开展校内教学评优活动，发现优秀的教师，给予相应的表彰和奖励，激发了教师的积极性，让教师更有动力去做好自己的本

职工作，提升教学质量。通过参与评优活动，教师们充分地了解了自己的优势和不足，从而更有针对性地改进自己的教学水平；同时，教师队伍也更加团结协作，不断探索新的教学方法和策略，尝试新的教育理念和实践方式，共同为提高教学质量和推动学校发展而努力，为学校的高质量发展注入教育创新的活力。

5. 发动教师全员参与，推进自我反思

自我反思是实现教师专业成长的主要途径之一，它不仅可以帮助教师深入思考自己的教学方法、策略和效果，还可以促进教师与同事、学生和家长之间的交流和合作，从而更扎实有效地开展校本研修。

圭峰小学在全校教师中开展以自我反思为主要形式的课题研究实践探索，帮助教师提升教学技能、增强专业素养、改进学生评价、促进团队合作，以及提升职业认同感。通过自我反思，教师发现了自己的优点和不足，找到了自己的学习需求和发展方向。同时，也更好地理解了学生的学习需求和特点，从而在教学实践中更好地指导和帮助学生。这种贯穿于校本研究的自我反思有效帮助并促使了教师在实践中不断改进和优化自己的教学方法和策略，提高了教学效果。

自我反思还可以帮助教师更全面地认识自己的教学工作，更扎实有效地开展校本研修，同时也可以促进教师的个人成长和发展。通过校本研修中的交流和分享，教师们发现自己的短板和需要改进的地方，并在同伴的相互帮助和交流中，更好地理解和掌握教育理论和实践知识，将其应用到自己的教学工作中，提高教学质量和效果。

第二节 新课标，新教材，新策略：教师研修第一步

伴随着新课程改革的实施，新课标，新教材，新策略成为校本研修、校本培训的重要内容。圭峰小学通过在各学科开展新课标，新教材，新策略的教学研究活动，引领教师认识新课标，新教材，新策略，帮助教师快速走进新课程。圭峰小学以新课标、新教材、新策略为切入口的校本研修新形式，更加适合开展让教师与课程共同成长、学校与课程共同发展的活动。通过这种研修形式，教师可以更深入地了解课程内容和教学方法，提高自身的教学能力和专业素养，同时也可以更好地适应学生的学习需求和特点，更好地指导和帮助学生。此外，这种研修形式还可以为学校和课程的发展搭建新的平台，促进学校和课程的创新和发展。

一、构建走进新课程的教师研修学习方案

圭峰小学将新课标、新教材、新策略的教学研究及培训作为教师研修的重要一步，构建了走进新课程的研修学习方案，让教师们认识并接

受"用实践为新课程理念铺路"这一新教学观念，倡导教师在教学实践中落地实施，不仅有助于教师更好地适应新课程的要求，提高教学质量和效果，同时也促进了教师的专业成长和发展。

"用实践为新课程理念铺路"强调教师在教学过程中不仅要注重理论知识的传授，还要注重学生的实践能力和创新精神的培养。在圭峰小学的研修实践中，教师根据课程内容和学生的学习需求设计各种形式的实践活动，如实验、调查、设计等。通过这些活动让学生在实践中更好地理解和掌握知识，提高他们的学习兴趣和积极性，同时也能够培养学生的创新思维和实践能力。

构建走进新课程的教师研修学习方案，可从以下几方面入手。

1.学习新课标：学习新的课程理念、课程目标、课程内容、课程实施和评价等方面的知识，了解新课程改革的方向和重点。通过与其他教师交流和分享，深入理解新课标的内涵和意义。

2.研究新教材：对所教授科目的新教材进行深入研究和探讨，了解教材的编写思路、内容选取、呈现方式等方面的变化，以及教材的使用方法和技巧。通过集体备课、互相听课、教学反思等活动，提高对新教材的理解和应用能力。

3.掌握新策略：学习新的教学方法、教学策略和教学模式，如探究式教学、合作学习、翻转课堂等，结合自身的教学实践，总结和提炼出适合自己学生的教学方法和策略。

4.专题研讨：针对新课程实施中的重点、难点和热点问题进行专题研讨，如课程资源的开发与利用、学生评价的方法与标准、教育教学研究的方法等。通过专题研讨，提高对新课程实施中问题的认识和解决能力。

5.实践探索：结合自身的教学实践，积极探索和实践新的教学理念和教学方法，总结和提炼自身的教学经验和实践成果。通过与其他教师交流和分享，不断完善自身的实践探索成果。

6.专家引领：邀请专家进行授课和指导，通过专家的引领和指导，提高对新课程实施的认识和理解，解决教学中的疑难问题。同时也要积极参加各种研讨会、培训班等学术活动，不断提高自身的专业素养。

7.反思总结：对研修学习过程进行反思和总结，发现自身的优点和不足，明确自身的努力方向和目标。同时也要积极撰写教学反思、教学论文等文章，不断提高自身的教育教学研究水平。

圭峰小学通过构建走进新课程的教师研修学习方案实现了教师队伍的专业成长，通过学习新课标、研究新教材、掌握新策略、专题研讨、实践探索、专家引领和反思总结等活动，提高了教师的教育教学能力和专业素养，从而为学校更好地实施新课程，实现高质量发展打下了坚实的基础。

二、尝试不同学科在新课标、新教材下的新教法

依据2022年版新课程标准，圭峰小学要求各学科教师在教学中要勇于尝试不同学科在新课标、新教材下的新教法。这不仅可以促进教育教学的改革和创新，培养学生的创新精神和实践能力，还可以提升教师的专业素养，增强学科间的交叉融合，创新评价方式，推动学术研究和发展。

在实践中，圭峰小学各学科教师在教学中尝试和实践多种新教法，不断更新教育观念、拓展知识面、提高了教学技能，自身的专业素养和

教育教学能力得到了提高，也能更好地适应新课程的要求和学生的需求。以下是具体做法：

1.了解新课标的学科要求。各学科教师首先要了解本学科在新课标中的要求和标准，明确课程目标、内容标准和实施建议等，为新教法的尝试提供指导和依据。

2.研究新教材的编写思路。各学科教师在校本研修活动中认真研究新教材的编写思路和特点，了解教材内容的选择、呈现方式和编排顺序等方面的变化，为新教法的实施提供支持和帮助。

3.勇于尝试新的教学方法。各学科教师尝试和实践了探究式教学、合作学习、翻转课堂等多种教学方法和策略，同时还结合学生的实际情况和学科特点创新教学方式和方法，有力地提高了教学效果和学生的学习效果。

4.注重学科间的交叉融合。各学科教师还在研修中注重加强学科间的交叉融合，通过跨学科的教学方式和方法，提高学生的综合素质和能力。

5.探索评价方式的创新。在研修实践中，圭峰小学还探索评价方式的创新，鼓励教师采用多元化的评价方法，如过程性评价、表现性评价、作品评价等，全面了解学生的学习情况和能力水平。

6.加强与同行的交流和合作。圭峰小学倡导各学科教师加强与同行的交流和合作，共同探讨教学中的问题和方法，分享经验和成果，促进教学水平的共同提高。

7.不断反思和总结。圭峰小学要求各学科教师在校本研修活动中不断反思和总结自己的教学实践，发现教学中的优点和不足，针对问题提出改进措施和方法，不断完善和提高自己的教学水平。

第三节 培养"五感""六有"教师

圭峰小学在"让幸福成为教育的不懈追求"的办学理念指引下，通过树立和培养教师的"五感"，即对办学理念的认同感、对学校发展的归属感、对教书育人的使命感、对专业发展的成就感、对自身价值的存在感，引导教师把个人发展与学校发展紧密结合在一起，从职业认同、专业发展、课堂改革、培训学习、评价制度、福利待遇等方面来提升教师的职业幸福感，培养"六有"即胸中有梦、课堂有情、发展有力、成长有望、工作有心、生活有味的教师。

一、建立职业认同，让教师胸中"有梦"

教师是学校教育实践的主要实施者，教师的质量决定教育的质量。教师，是一种有温度的职业。教师的职业认同感是教师的灵魂，是教师执教幸福的源泉，是对教育事业的认同和对教育梦想的执着追求。

2015年以来，圭峰小学成功举办了四届"十大幸福教师"评选活动，这逐渐成为学校"幸福教育"理念下的一种校园精神文化，成为学校"幸福教育"的一大亮点。学校培养了一批幸福名师，增强了广大教师对教师职业的使命感、对学校的归属感和凝聚力，教师们对学校"幸福教育"办学理念的认同感进一步加强，教师团队变得有活力、有梦想、有追求，骨干教师有闯劲、有干劲，青年教师有冲劲、敢较劲，幸福指数不断飙升。

"幸福教育"让广大教师明确了职业发展观念，树立了师德为先，学生为主，终身学习，能力为重的职业方向。教师应适度调整心态，并保持良好的工作状态，真正理解教师职业的意义，提高工作的积极性与认同感，辩证地评价自己的工作，树立正确的价值观。在圭峰小学，既有在日常工作中兢兢业业，把琐碎的工作做得精致的教辅人员，也有在专业发展中取得辉煌业绩，在广东省乃至全国的教学比赛中获得一等奖、特等奖的骨干教师，还有默默无闻、甘于奉献，在班主任工作和学科教学中表现突出的普通教师，在"幸福教育"理念的引领下，学校的每一位教师都在自己的岗位上书写着幸福的教育故事。

二、促进课堂改革，让教师课堂"有情"

教师的价值表现在课堂的教、体现在学生的学。一个对教学没激情、对学生没感情的教师，是毫无幸福感可言的。在"幸福教育"理念的引领下，圭峰小学积极推进课堂改革，致力于构建"开放·活力·高效"的幸福课堂。一方面，学校引入全国名校长、特级教师张云鹰的开放式教学理念，通过开放课堂，解放教师，释放学生，引导教师在课堂教学中做到"四关注"（关注学情，关注过程，关注对话，关注实效），让课堂教学变得有智慧、有激情、有活力；另一方面，学校完善对课堂的评价机制，课堂教学强调"以生为本，依本靠纲；删繁就简，精讲多练"，让教师教得轻松、教得扎实。此外，学校还设立教学成绩优秀奖和教学成绩进步奖,表彰先进,关注教师在教学中的点滴进步,让更多的教师在课堂教学中获得幸福感和满足感。

学校立足校本教研,提高教师的教研能力,首先,要有清晰的阶段工作计划,在统一要求下开展教研能力培训,明确要求各个教师所要达到的阶段目标。其次,培训成果在学校组内转化,将优秀教师的研究成果应用于全组,共享研究成果。例如:一位老师做了研究课后,组长会把该节课的教学过程录下来,教学设计、教案打印出来,将它们制作成一个资料包在全组展示、评价,作为全组的问题研究。校本教研以探索课、能手课、展示课、公开课等形式开展学科教研活动,多推荐教师们上常态公开课,让每一位教师都有"磨刀"的机会,让骨干教师"利剑出鞘",让老教师"宝刀未老"。通过开展"教学相长、研训一体"的校本教研活动,圭峰小学让教师们时刻保持教学激情和教研热情,课堂教学有声有色、有滋有味。

三、强化培训学习,让教师成长"有望"

培训学习不仅能提高青年教师们的课堂教学能力,在培训过程中的榜样示范、典型引路、现身说法、教育价值观等研讨活动还能够改变教师对教师职业的看法,让他们树立终身从教的信念,立下争当名师的目标,在工作中更加兢兢业业,勤奋刻苦。

强化培训学习,也是改变教师职业倦怠、提升教师队伍发展活力的有效途径之一。圭峰小学把为教师提供优质的培训学习当作一项基本福利,以"重点培养,全面兼顾"为原则,通过"走出去,请进来",完善教师学习培训机制,落实教师培训经费专款专用,让教师在课程改革中找到个人专业发展的动力和获得幸福的能力。

(一)拓展渠道"走出去"

学校不断拓展外出学习渠道,创新外出学习的形式,丰富观摩学习、跟岗培训、工作室培训等培训形式,对青年教师、骨干教师、教学名师,开展有层次、有深度的培训,坚持每学期外出培训学习的教师不少于100人次。

(二)立足本校"请进来"

学校积极开展形式多样的校本培训活动,选拔优秀骨干教师组建新教师培训讲师团,落实对新教师"一周一培训"的指导;坚持每学期邀请著名专家、名师和省内名师工作室主持人到校开展授课、做报告、主题研讨。

培训充分利用了教研室、教研组、各级骨干教师的力量;同时,研究的过程还培养造就了一批校本培训的指导教师,不少教师从受训者转变为培训者,使培训工作扩大了战果,受训教师人数不断增多。研究还促进了学校的资源建设,学校用于培训的书籍不断增多,形成了不同内容的培训资料包。

四、完善评价制度,让教师工作"有心"

圭峰小学从提高教师的职业幸福感出发,着力建立一套定量与定性相结合的,相对公平的评价体系,让教师在学校能安心工作、用心工作、尽心工作。

（一）改变对教师工作表现的评价机制

圭峰小学完善教师备课制度，推行集体备课，改进教案检查管理，以电子教案代替传统纸质手抄教案，把教师从抄写教案中解放出来，使之能有更多时间投入集体备课和年级教研，把备课的心思聚焦在备课堂、备重点难点上。在考核过程中，学校注重对青年教师的综合考核，关注青年教师的个体差异性，采取相应的考核评价策略。

在考核指标方面，分为教学指标和素质指标。教学指标主要是针对青年教师课堂教学能力方面的考核；素质指标主要是针对青年教师在职业道德、文化素养等方面的考核。

在考核评价的主体方面，圭峰小学采取学校、年级组长、同组教师共同评价的制度，对待教师在待遇上尽可能做到同工同酬，奖勤罚懒，在评优评先上坚持德才兼备、业绩优先，并在同等条件下适当向班主任、低年级教师、担任双班主科教学的教师倾斜，营造出"你追我赶，共同进步"的良性竞争工作氛围，让教师在褒奖和肯定中收获荣誉和幸福。

（二）完善对教师工作奖励的评价体系

圭峰小学改变了过去对教师工作"重罚轻奖"的评价观念，树立"奖励为主，扬长补短"的新评价观念。通过完善教师绩效分配机制，学校制订对教师的各项奖励机制，如设立学校先进个人、优秀教师、师德先进个人、科研积极分子、优秀班主任、教学能手等多个奖项，形成对教师教育教学工作全方位的奖励机制。学校改进成绩评价管理，保留期末综合成绩排名制度，但不把排名作为评价教师工作的唯一依据，本着"慎罚多奖"的原则设立对教师教学成绩进步的多项奖励。同时，学校还设立了教学成绩集体奖,适度淡化教师之间的恶性竞争,促进教师之间的团结协作——合作能促进交流,并在一定程度上缓解教师焦虑,解放教师心智,还能从根本上缓解学生的压力。

幸福是奋斗出来的。作为教育工作者,我们既要脚踏实地,又要仰望星空。让幸福成为教育的不懈追求,这是圭峰小学的办学理念,也是我们对教育的终极目标。对于教师而言,获得幸福是职业生活的根本目的,追求精神生活的富足是职业生活的本质。愿每一位教师都能以积极的心态对待教师这份职业,在追求职业的幸福中成就别人、快乐自己。

第四节　以专家工作室为载体,尽展名师示范性作用

在市、区两级教育局的大力指导和支持下,圭峰小学以专家工作室为载体,充分发挥名师的示范、引领、带动和辐射作用,开展学员(市内校长)入室培养,跟岗研修。自 2018 年以来,专家工作室成为学员们抱团发展、共同成长的共同体和践行自身教育理念的基地,开展了一系列扎实有效的引领辐射活动。专家工作室的名师示范性作用聚焦于"学校办学理念凝练""学校文化管理""自身专业发展"三大方面。通过"理论学习""专家引领""外出考察""论坛交流""课题研究""个人自修"六大策略,专家工作室不断充实和提高工作室学员的学校管理

水平和科研水平，加快了工作室学员的成长速度，为打造觉悟高、业务强、作风优良、有教育情怀的优秀校长发挥了应有的作用。

一、聚力建设：制订章程，构思工作室建设蓝图

理念的认同是工作室全面发展的根本，制度的确立是工作室章程具体化、可操作化的执行力。工作室先后制订了会议沙龙、视导制度、教研互动机制、平台系统机制等一系列工作室的运作制度。

1.建章立制，形成"互联互通"新机制

2019年3月，工作室成立工作室指导专家组，正式启动工作室研修活动。通过互相走访交流，笔者实地调研校长们所在校在"学校办学理念凝练""教师专业发展""学校文化管理"方面的办学情况，确立了清晰的研修目标。工作室先后开展了一系列专题培训、对口帮扶、互动交流活动：召开工作室教育科研课题研讨会；"青年教师成长之路"主题研讨活动；聆听专家讲座；进行一对一的学校管理问题诊断指导；到各成员所在校进行办学诊断；开展"凝练和践行办学理念"主题交流沙龙；阶段成果汇报并进行交流互借鉴；主持人专题讲座《圭峰小学幸福教育理论与实践探索》，与成果分享会；学校文化管理细节化研讨会；"一校一品"交流考察等。校长们通过跟岗学习，不断转变观念，提升了办学水平。

工作室还通过送教下乡和进城教研，为各位学员搭台，把各校的先进办学理念和教学模式辐射到工作室兄弟学校。

2.确定职责，构建"互联互通"新平台

（1）确定工作室职责：工作室承担校长成员的培训和指导工作；搭

建优秀校长集中研修的平台；建立校长积极参与、合作研修与自主发展的工作机制；形成一批教育教学改革实验和学校管理研究成果，并在江门市乃至更大范围产生一定影响。

（2）确定主持人职责：主持人制订成员周期培养目标和工作室年度工作计划，建立工作室工作制度；对学员进行考核，建立工作室成员成长档案；以师带徒的形式，传授教育教学管理经验；积极组织、聚集优秀校长集中研讨，共同进步；开展主题论坛、在线交流、理论学习等活动，成为名校长工作室的动态工作站、成果辐射源和资源生成站。

（3）确定学员职责：学员应确立自身发展目标，制订周期内学习计划和研究项目；虚心接受主持人的指导，完成主持人安排的学习和研究任务。

（4）确定指导专家职责：专家负责指导工作室制订培养计划、年度活动安排；组织开展校长的业务培训；检查指导工作室培训工作开展；组织指导工作室的科研工作；对工作室及学员进行考核评估；跟踪总结工作室制度的实施情况，提出改进意见；负责工作室经费的统筹。

启动以来，工作室机制有序运作，各项制度落实到位：一是工作室坚持每月召开一次跟岗总结会议，汇报各学员的工作情况，学习其他优秀工作室的先进经验，聚焦自身的新问题、新情况，探讨解决问题的新方案、新举措。二是工作室扎实推进每月的双向互动制度。工作室按计划走遍10所学员所在的学校，深入开展教学互动，深入课堂，检查作业，查看成绩，召开座谈，全方面了解学员及所在学校的办学情况。

3. 领衔视导，开启教学诊断新机制

为了进一步落实指导，把优秀的办学经验和成功的教学、教研模式辐射到学员学校中去，进而实现各学员校的高位均衡发展，圭峰小学领衔开启工作室的视导机制，使教育教学视导成为工作室教学诊断的常规。工作室还组建教学视导工作小组，以"三态观察"为目标，到各学员学校开展深入的教学视导。工作小组深入课堂，了解教师的教学样态；查看作业，了解学生的学习状态；查看成绩，了解学校的办学生态。工作小组还通过教师座谈，走访学生，多管齐下了解学员学校的办学管理情况，为下一阶段制订改进措施提供依据。

4. 信息互通，建立资源共享新平台

工作室成立以来，我们已着手建立各校长及所在学校之间"三位一体"的信息互通体系。一是建立学校学科微信群交流平台，实现教学问题、教学经验的线上即时交流研讨与互动分享；二是建立学校教学资源库，工作室指导各学员学校对本校的学科课程资源、试卷题库、校本教研成果、教科研成果、学校特色发展项目等有形教育教学资源进行精细化、规范化的整理归档，通过领衔学校"文件传送"这一网络平台建立教学资源库，初步实现了资源共享；三是建立学员校的纸质出版物、印刷物、校本教材的互赠共享机制，例如：圭峰小学的教师校本科研刊物《实践与研究》和文学社刊物《幸福花开》，经典诵读校本教材《小学生小古文诵读80篇》《小学生经典诵读选编》每学期定期分批送到各校长手上。

二、聚力活动：深入探究，书写优质活动新篇

文化共享，活动牵线。工作室以交流活动为平台，开展研修活动及送教下乡活动。

1. 集体研修氛围浓厚，活动效果显著到位

工作室始终坚持每年开展三到四次集体研修，先后举办办学思想、学校文化、自身专业发展等主题交流活动。

2019年6月，工作室第一次集体研修活动在圭峰小学举行，活动主题是"课题开题报告会议暨管理工作经验交流研讨"。工作室全体学员认真聆听了笔者管理工作的经验分享及撰写课题的经验所得，同时，就学校的教学管理理念、提高教学质量的抓促方法、教学管理中的热点、难点等共性问题进行了深入的交流和讨论，分享各自的经验和做法。

2019年9月，主题为"提炼办学思想和实践做法，形成办学思想报告"的集体研修活动在圭峰小学举行。工作室学员在笔者的热情带领下，全面参观了圭峰小学的校园建设，认真听取了笔者的介绍，从"为学生幸福成长奠基""为教师幸福成长助力""为学校幸福发展加油"三个方面阐述了"让幸福成为教育的不懈追求"的办学理念，详细汇报了学校的办学情况和发展规划，从打造"幸福校园""幸福课程""强师工程"三方面具体介绍了学校特色的幸福教育，深入剖析了学校在办学发展中的各种经验以及学校未来发展的定位。

2. 专家引领内涵丰富，理论素养明显提升

工作室还邀请专家来到工作室，为校长们带来一场场别开生面、具有代表意义的专题讲座。

新会区教研室主任何勇涛给工作室带来了《让课题研究与专业成长同频共振》专题讲座。他紧扣课题研究的风向，从立足"成长有特点""申报走正路""研究重内涵""切入找热点""研究要有效"以及"研究典例"六个方面做了详尽的分析。何勇涛主任的讲座是一场"及

时雨",不仅帮助校长们理清了课题研究的种种关系,而且对突破新时代课题研究中的一些"瓶颈"问题提供了新的解决思路和方法。

广东第二师范学院教育管理系主任刘永林为工作室学员做了题为《如何成为一个卓越的校长：回归管理的意识——关于管理的认知与行动的若干思考》的专题讲座。他从"向管理要效率——我的认知""如何提高管理效率——经典管理学理论的启示""两个着力点——教师激励、文化建设"三方面讲起,向大家展示了一所所拥有特色教育的学校的美丽蜕变,重点介绍了广州市白云区握山小学的"山品文化",番禺区市桥实验小学的"根文化",广州花都七星小学的"阳光文化"办学经验,让学员们从"历史传承与创新""理论研究与创新""实践探索与创新"等方面着手学会掌握、提炼学校文化的核心。

广东省特级教师胡务娟同志做了《弘国学经典,显儒雅风范》的专题讲座。胡务娟老师从制度建设、课程开发、课堂探索、特色活动四个方面向学员详尽地介绍了圭峰小学在推广国学经典、营造书香校园的做法,详细介绍了学校"晨读经典""课前吟诵""放学唱读"的制度建设；"编写校本教材""启动家长进课堂校本课程"的课程开发；"快乐读书节""拜先师礼""诚信阅读""传统节日""第二课堂"的传统特色活动；"古诗词分类教学""小古文文白教学""国学经典游戏教学""原著改编衔接教学""传统整合登台展示"的课堂探索,让大家又一次正确认识中华优秀传统文化,继而进一步深刻审视自己学校的"经典课程"成长规划。

江门市红领巾工作室主持人钟瑞贞同志为工作室的校长们带来了《乘党的十九大春风　培养幸福接班人》关于少先队建设的专题讲座。钟主任从有效地开展主题教育系列活动、打造特色少先队课程、开展少先队主题教育特色、家校一体,齐心育苗这几方面详细地介绍了圭峰小学的少先队建设的情况。她用生动的例子，具体的观点向大家逐项介绍，让校长们正确认识自治的重要性，从而更深刻地审视少先队员自治管理的成长规划。

来自不同领域的专家座谈，主题鲜明、内涵丰富，开拓了学员们不同领域的视野，启迪了学员们不同角度的思考，提升了学员们学校管理的理论素养。

3. 外出考察学习，开阔了眼界，增长了见识

在工作室的组织下，全体学员还先后来到古井小学、官冲小学、东区学校等参观考察。外出考察，让校长们更加清晰校长的办学思想。校长对学校的领导力最主要、最核心的是对办学思想的领导，而校园文化则是校长办学思想最好的体现。连续的外出考察，使工作室全体学员对各校的办学特色、内涵发展与提升学校办学质量和效益有了更深的理解。每次参加专家、名师讲座，校长们都怀着一颗虔诚的心，认真学习、仔细记录、虚心请教、踊跃发言，理论素养得到了进一步的提升。

4. 坚持送教下乡，形成教学教研新常态

圭峰小学创新教师流动机制和培养机制，拓宽互动交流的广度和深度，创新教师交流、师徒结对、送教下乡、进城教研、工作室研修等交流形式，让各校长所在学校流动的形式更丰富灵活，交流的范围更广阔。本学年，工作室开展了一系列的双向互动教学交流活动，形成了教学教研的新常态。

（1）建立送教交流机制，以城乡交流来促进兄弟学校教师互动。圭峰小学先后派出吴丽红、曾志华等30多位骨干教师分三批次到古井小学、罗坑小学、黄冲小学等10所学校开展送教下乡活动，并与学员学校开展学科主题教研活动。

（2）建立赛课联动机制，以教学比赛来带动工作室兄弟学校学科教研。圭峰小学充分发挥领衔学校的示范引领和辐射带动作用，学校多个学科青年教师参加各类区级以上教学比赛，均邀请学员学校青年骨干教师参与进来，让他们在备课、磨课中不断成长，把成功的备战经验和磨课模式带到接下来的教学中。

（3）组建中心教研组，成立核心智囊团力促青年教师成长。工作室成立中心教研组和学科核心智囊团，构建学员校青年教师比赛课、骨干教师展示课帮扶指导机制。一学年来，先后对学员学校参加多项区镇级教学比赛的青年教师进行帮扶指导，并通过工作室统筹，安排参赛教师进行内部跨学校之间的借班试教，反复打磨、锤炼，获得了较为突出的成绩。

下一阶段，工作室将重点推进"青蓝工程""名师工程""智囊团工程"三大强师工程，搭建学员学校教师教学比武平台，盘活集团名师、骨干教师和学科带头人等优秀教师资源，形成工作室教师培养机制的一盘棋运作，实现学员学校学科之间的有效交流，共同进步。

三、聚力培养：专业引领，打造科研型优秀校长

通过工作室的研修学习，校长们一致认识到：影响一所学校发展的因素有很多，如教师队伍、学生情况、家长素质、学校制度与决策课程体系、校长自身等。但在其他因素差不多的情况下，对学校最具有影响力的应该是校长。校长的成长是学校发展的需要、校长的成长是学校发展的必然结果、校长的成长是带动学校发展的不竭动力、校长的成长与学校发展互促共进。

（一）工作室学员成长迅速，辐射引领成效明显

工作室各位学员在日常生活中养成了经常性学习的良好习惯，不断与时俱进更新自己的知识结构、扩展自己的知识范围，以符合现代社会对一位名校长的要求。学员们在自学过程中认真做了大量学习笔记，其中既记录了他们学习时的思考和感悟，也总结出了需要进一步摸索和探讨的问题，还有对于自己学校的发展有所帮助的具体方法和操作过程。工作室学员学习笔记最多的达到120页，字数超过2万字。通过读书学习，学员们无论是在教育教学、办学管理还是在个人素养方面，均获得了一定程度的提高，加速了个人的成长。

（二）读书学习，提升教育理论水平

工作室学员埋头研读教育专著，通过读书学习提升教育理论水平。工作室为学员统一购买了《如何做最好的校长》《优秀校长最重要的标准》《校长最伟大的智慧》等书籍，通过个人自修、交流研讨、经典解读等多种形式，组织学员学习。学员同读一本书后开展了读书沙龙活动，畅谈读书心得。工作室要求每人撰写2000字以上的论文，所有学员共计撰写了15篇论文，其中两篇论文获奖，多篇论文刊登在核心刊物上。现在工作室倡导学员坚持"每天阅读1小时，每月阅读一本书"活动，让阅读成为习惯，让阅读成为校长成长的起点。

（三）潜心教育课题科研，把握学术前沿动态

作为科研型校长，潜心教育课题科研是非常重要的。通过参与教育科研，校长能够更好地了解教育发展的趋势和前沿动态，掌握先进的教育理念和教育方法，从而更好地指导学校的教育教学工作。

笔者认为，科研型校长应具备以下几个方面的能力和素质：首先，应具备教育科研意识和能力。校长应关注教育发展的趋势和前沿动态，把握学术前沿动态，了解最新的教育理念和方法；其次，应具备课题研究能力和经验。校长要能够组织和参与教育科研课题的研究工作，能够组织和带领教师团队进行教育科研工作，包括选题、文献综述、研究设计、数据采集和分析等各环节，同时协调各方面的资源和力量，推动科研工作的顺利进行；最后，应具备总结和反思的能力。校长要对教育科研成果进行总结和评价，同时也要对自身的科研能力和经验进行反思和提升。

按照规划，工作室在初始阶段组织各学员认真分析任职学校校情和办学特色及存在的问题，结合校情对已有管理经验进行提炼，对问题进行梳理，初步确定了工作室的教育教学专题研究项目，主要研究方式、达成的研究目标、预期研究成果及呈现方式等。2019年度，工作室学员主持或作为课题组核心成员参加市级教育教学课题3项，主持或作为课题组核心成员参加区级教育教学课题8项。

四、科研引路：课题带动校本研修

以科研引路开展校本研修，促进教师专业化发展，是办好让人民满意教育的必由之路。以科研为指导推动校本研修和教师专业化发展，是实现人民满意教育的核心途径。课题带动校本研修是新课改背景下的创新教研活动，其优势在于与学校的实际情况和教学实践相结合，既充分挖掘校内骨干教师的潜力，解决当前教学中的紧急问题，又兼顾了教师和学校的长远发展。

第五章 锤炼一支扎实做校本研修的教师队伍

圭峰小学高度重视科研工作，视其为引领学校高质量发展的重要引擎。近年来，学校用科研引路，让课题带动校本研修，积极组织灵活、高效的教学研讨活动，建立课题申请推送制度和论文评选制度，开展正规、有效的教研活动，让教师们以课题为载体立足课堂、研究课堂、创新课堂，教师以学科组为单位齐心协力研究公开课、观摩课、示范课等，在课程改革的实践中不断深入理解新的教学理念，成为提高学校教育质量和教师教学能力的重要途径。通过开展校本研修活动，教师们在科研的指导下，进一步深入挖掘现代教育理念和教育方法，有效地促进了教师对未来教育发展的思考和创新探索。同时，教师们还借助课题研究的机会，学习新的教育技术和工具，并将其应用于实际教学中，提高教学效果。

圭峰小学以课题研究为抓手，带动校本研修，促进教师专业发展和教育改革。目前，圭峰小学正在进行的课题研究涵盖语文、数学、英语等多学科，同时学校还通过组织教师参加各类培训、研讨、交流等活动，推动教师不断更新教育观念和教学方法，提高教育教学质量。同时，学校还积极探索教育改革，推动教育教学实践的深入发展。

圭峰小学注重教学与科研的结合，鼓励全员参与教育科研，以促进教学与科研的相互发展和进步。在教学方面，学校注重引进先进的教学理念和方法，提高教学质量和效果。在科研方面，学校注重与教学实践相结合，开展应用性研究和实践探索。通过教学与科研的结合，推动学校整体水平的提升和发展。在认识到了教学研究在自身发展中的重要性以后，教师们对课题研究产生了极大的热情，在校本研修的同时取得了多项课题研究成果，从而有力地推动学校的教学改革，有效地提高了学校的教学质量。

为了更切实地做好学校的教育科研和教师培训工作，圭峰小学坚持立足校本研修，通过专家引领、伙伴合作、个人实践、教学反思等专业发展模式，创造性地运用课题带动校本研修开展，通过"科研引路"促使教师确立适合新课程的教育、教学理念，提高教师的专业素养，同时探索出一条适合本学校特点的教师专业化发展之路，最终构建一种符合课程发展的教师发展性评价机制，并应用于教学管理的研究目标，对学校教育教学管理、教学研究全面发展起到推动作用。

五、示范先行：建立课题申报推送制度和论文评选制度

圭峰小学按照"边实践、边研究、边总结、边提升"的原则，先培养优势学科教研室开展课题申报、参与论文评选，带动校本研修工作的全面开展。在新课程的实施过程中，课题申报推送制度和论文评选制度为开展校本研修和建立新型教研机制起到了引导和示范作用。

科研引领教学行为，教学与科研相结合是最好的方法。为了规范教师的备课教研活动，保证科研和教学结合在一起，圭峰小学实行"四统一"，即统一时间、统一地点、统一课题、统一要求，在时间、空间、内容、规范上使教学研究得到了保证。学校通过规范的集体备课、踏实的教学研究活动，改变了以往单一低效的备课方式，提高了教师备课的质量。学校还开展了新课程研讨课、观摩课、汇报课等形式多样的听课活动，这些活动为教师提供了相互研讨、相互观摩、相互学习、相互促进的平台，既检阅了教师教学科研的成果，又促进了教师教学能力的提高。通过教研结合，课堂教学效益明显提高，教师的教学行为和学生的学习行为呈现正向科学化发展。

专家的指导和专业引领是校本研修示范先行的质量保证。学校的教师工作能力很强，专业知识很广，但理论知识和素养不足，造成了工作做得很出色，可没有变成理论成果，很是遗憾。我们发现，学校在结合实际的基础上，尽可能邀请专家进行科研兴校方案论证、进行科研知识和课题研究基本方法指导，在专家指导和引领下少走弯路。值得注意的是，学校邀请专家指导和专业引领要以校为本，按学校实际需要进行指导，而不能以专家为本，脱离学校实际。我们必须明确，实行专家引领是专家为学校科研兴校服务，而不是学校为专家教育教学实验服务。

学校是教育的主体。校本研修的科研引路、示范先行本质上就是科研兴教。圭峰小学在教育科研中强调理论与实践的结合，发动全体教师积极参与，改变科研与教研相排斥的状态，实现教科研一体化，使教育教学得到高质量发展的保证，促进学校的可持续发展，并使其内涵丰富、特色鲜明。

在恰当的教育理论指导下，结合学校的教育教学实际情况，圭峰小学成功地推动了校本研修工作，并带来了实质性的高质量发展。通过组织教育科研活动，学校提高了全体教师的素质，解决了教育教学中的实际问题，从而真正提高了教育质量和效益。这些成果不仅为圭峰小学的课程改革、素质教育和教师专业化发展做出了贡献，也为其他中小学提供了有价值的借鉴和参考。在未来的发展中，圭峰小学将继续以教育科研为引领，不断优化教育教学实践，推动学校的高质量发展。

第五节　校本研修指引下教师队伍的未来发展前景

随着新课程改革的不断推进，校本研修得以蓬勃发展，成为一种新兴的教育理念和教学方式。它不仅是新课程改革的迫切需求，也是一线教师的热切呼唤。作为保证新课程实验向纵深发展的有效途径，校本研修在教师专业成长中扮演着不可或缺的角色，成为教师们成长的坚实阶梯和必由之路。正确认识校本研修在教师专业化成长中所发挥的指引作用，有着深远的意义。

一、校本研修指引教师队伍专业化成长的深远意义

（一）正确认识校本研修是转变教师培训理念的需要

为提高中小学教师队伍整体素质，适应基础教育改革发展和全面推进素质教育的需要，我国从1999年开始对广大教师进行了第一轮的岗位集中教育培训，其学习的内容主要包括思想政治教育和师德教育，专业知识扩展与更新，现代教育理论学习与教育实践以及现代教育技术

等。在培训形式上主要以寒暑假的集中讲座为主。考核形式以理论考试、作业交流为主。培训单位一般为县级教师进修学校为主，或以挂靠当地师范院校。这种集中管理，集中培训，集中考核的教师岗位培训活动的确对于教师技能的提高起到了一定的积极作用。

但随着教育培训工作的逐渐深入，特别是新一轮课程改革的实施，原有的教师培训模式已经无法满足教师的需求，这需要教师教育工作重心下移，需要培训者深入到教学一线，关注新课改实施过程中出现的一些新情况和新问题，了解教师对培训的需求，及时掌握教师在课堂教学中存在的问题，以此来调整培训思路，把教师的集中理论学习与校本研修活动结合起来，来提高目前教师培训工作的针对性。

（二）正确认识校本研修是扎实推进新课改实施的需要

本轮新课程教育改革对教育领域原有的理念带来很大冲击，教师培训就是其中之一。因为原来的教师培训是在培训院校集中进行，主要是理论上的学习交流，但教师在实际工作中往往是学无致用，这一问题从现在的新课改的培训情况看尤为突出。这就需要我们加大以校为本的教师研修活动力度。由于新课改实施中的问题在课堂上出现最多，学校不可能把课堂中的问题拖到暑假集中培训的时候解决，这就需要教师发挥同伴互助的精神，发挥校本研修的作用，围绕典型的教学难题，以学科小组为单位，在学期内集中精力、集中智慧、集中时间来共同解决问题。

（三）正确认识校本研修是教师成长方式创新的需要

曾有人说中国的学生缺乏创新意识，是教育机制的问题。我们应当看到，真正缺乏创新意识的是我们的教师队伍，特别是在新课改的今天，教师需树立终身学习的学习观，目前，新课改理念提出学生的知识与技能、过程与方法以及情感态度与价值观三位一体的教育目标，围绕这一目标，教师需要以较高的综合素养，科学的教学方法，合理的教学评价来实施教学活动。这对于在以前的教育体制下培养出来的教师来讲，将是一个全新的考验。圭峰小学原来的名师、专家和刚参加工作的教师此时站在了同一起跑线，这更需要全体教师加强自身的业务学习，尽快适应新课改的核心理念，及时掌握全新的教育理念，把新课改看作自己专业成长的一个契机，来适应新课改对教师素质的要求。

（四）正确认识校本研修是学校实现学习共同体的发展需要

教师的培训不再是教师培训机构的专利。在新课改的今天这已经成为越来越多中小学校长的共识。从目前国内的许多"名校"看，它们之前多面临学生基础差，教师素质低，但学校通过加大对教师的培训力度，采用以校本研修为主，外出学习为辅，为教师的成长提供了必要的物质条件和经济基础，为学校营造了浓厚的学习氛围，实现了学习共同体的整体提升。学校的发展离不开教师的成长，离不开优秀教师团队的建立。这就是圭峰小学成为"名校"的基石和源泉。

二、校本研修中对教师队伍专业化成长的保障

（一）校本研修活动的制度保障

校本研修的制度既包括教育主管行政部门的宏观政策，也涵盖开展校本研修活动学校对教师的具体要求，这里仅就后者进行阐述。校本研修制度应坚持以教育教学实践为基础，以解决教育教学中的实际问题为

导向，突出教师的主体地位，提高教师的综合素质和教学能力；校本研修制度还应贯彻理论联系实际的原则，注重实践性和应用性，鼓励教师结合实际工作开展研究，促进专业发展；最后，校本研修制度应遵循教育规律，关注教育发展趋势，注重现代化教育理念的渗透和应用。

在计划安排上，学校应制订明确的校本研修计划，包括研修目标、内容、时间、人员等方面的具体安排。校本研修计划应结合学校实际情况和教师专业发展需求，合理安排时间和资源，确保研修活动的有效实施。此外，研修计划还应注重创新性和灵活性，根据实际情况及时调整和优化。

在组织管理上，学校应建立健全校本研修的组织管理体系，明确各级管理人员职责，确保研修活动的有序进行；学校还应建立研修活动考核机制，对参与研修的教师进行全面评价和考核，并将考核结果纳入教师个人业务档案。

（二）校本研修活动的专家保障

在校本研修活动中，专家保障是非常重要的一环。通过专家的组织指导、讲座培训、示范引领、跟踪指导和评估反馈，可以有效地提高教师的教育教学能力和综合素质，促进学校的教育教学质量和水平的提升。从以下五个方面介绍校本研修活动的专家保障。

1. 专家组织指导

在校本研修活动中，专家的组织指导具有非常重要的作用。专家可以结合学校实际情况和教育发展趋势，为学校提供全面的指导和支持。具体来说，专家的组织指导可以包括以下几个方面：制订研修计划。专家可以帮助学校制订研修计划，明确研修目标和内容，确保研修活动的针对性和有效性；指导研修活动。专家可以参与研修活动，为教师提供面对面的指导和帮助，解决教育教学中的实际问题；培训研修能力。专家可以定期为教师提供研修能力培训，包括教学方法、课程设计、教学评价等方面的培训；参与研讨交流。专家可以参与教师的研讨交流活动，引导教师深入思考和探讨教育教学问题，提高教师的综合素质和教学能力。

2. 专家讲座培训

专家讲座培训是校本研修活动中常见的一种形式。通过专家的讲座培训，可以让教师了解最新的教育理念和教学方法，提高教师的理论水平和教学能力。专家讲座培训可以从以下四个方面进行。

（1）教育教学理论：专家可以就教育教学理论进行讲座培训，帮助教师深入理解教育规律和教学原则。

（2）教学方法与策略：专家可以就教学方法和策略进行讲座培训，帮助教师掌握高效的教学方法和技巧。

（3）教育技术应用：专家可以就教育技术的应用进行讲座培训，帮助教师了解现代信息技术在教育教学中的应用。

（4）教育研究方法：专家可以就教育研究方法进行讲座培训，帮助教师掌握教育研究的基本方法和技巧。

3. 专家示范引领

专家示范引领是指专家通过自己的实践和经验，为教师提供示范和引领，帮助教师提高教育教学能力和水平。专家示范引领可以就课堂教学进行示范展示，帮助教师掌握高效的教学方法和技巧；可以就教学设计进行示范展示，帮助教师了解如何科学合理地设计教学内容和方法；

还可以就教育研究进行示范展示，帮助教师了解如何开展有效的教育研究活动。

此外，专家保障还可以以专家跟踪指导的形式进行，也就是专家在一段时间内对教师进行跟踪指导和帮助，及时发现和解决教育教学中的问题。专家跟踪指导可以包括课堂观察与反馈、教学反思与总结、个性化辅导与咨询、阶段性评估与调整等方面。

（三）校本研修活动的监督保障

校本研修活动是促进教师专业发展和提升教育教学质量的重要途径。为了确保研修活动的有效性和质量，需要建立完善的监督保障机制。校本研修活动的监督保障包括对研修计划与目标、研修过程、研修效果等的监督。

计划与目标的监督应着重确定研修活动的目标和预期成果，确保研修活动与教育教学实践紧密结合；还应定期对研修计划进行评估和调整，确保研修活动的针对性和有效性。

研修过程的监督应建立研修活动记录制度，对研修活动的参与情况、学习成果、考核评估等进行全面记录。在研修过程中，监督人员还应在研修实施过程中进行定期检查和督导，了解研修活动的进展情况，及时发现和解决问题。研修活动结束后，监督人员应对研修过程进行全面评估，确保研修活动的质量和效果。

校本研修的监督保障措施，可以有效地提高校本研修活动的质量和效果，促进教师的专业发展和教育教学水平的提升。同时，需要不断总结经验教训，及时调整和优化监督保障机制，确保研修活动的持续发展和进步。

三、校本研修引领下教师队伍的未来发展前景

新一轮课程改革对教师的知识要求提出了更高的要求，更为教师的专业成长提供了一个广阔的空间。校本研修作为提升教师教育教学能力和专业成长的重要途径，对于推动教师队伍的未来发展具有至关重要的作用。校本研修引领下教师队伍的未来发展前景是多元化的，除了教育教学能力、专业成长以外，教师队伍还将在团队协作能力、科研素养、领导力、师德师风建设、教育信息化以及国际视野等多个方面获得提升和发展。通过不断深化校本研修工作，可以推动教师队伍的全面发展，为教育事业的长远发展提供有力保障。

（一）提升教育教学能力

校本研修通过系统性的培训、实践和研究，可以帮助教师提高教育教学理论水平，掌握先进的教学方法，提升课堂教学能力，从而更好地满足学生的需求，提高教育教学质量。

（二）促进专业成长

校本研修能够为教师提供个性化的专业发展路径，根据教师的实际需求和特长，制订针对性的研修计划，帮助教师挖掘自身潜力，实现个人价值，促进教师的专业成长。

（三）增强团队协作能力

在校本研修过程中，教师们可以相互学习、交流和分享经验，从而增强团队协作能力。通过团队合作，教师可以共同解决教育教学中的问题，提高工作效率，实现共同进步。

(四)提升科研素养

校本研修不仅关注教师的教学实践,还注重教师的科研素养提升。通过参与课题研究、教学反思等活动,可以培养教师的问题解决能力和创新精神,提升科研素养,推动教育教学工作的创新发展。

(五)培养领导力

校本研修可以帮助教师培养领导力,提高其在教育教学中独立思考和决策的能力。这有助于教师在学校和更广泛的社区中发挥积极作用,为学生的发展和教育事业的进步做出贡献。

(六)增强师德师风建设

在校本研修中,注重师德师风的建设是重要的一环。通过培养教师的职业认同感和教育情怀,可以提升教师的责任感和使命感,营造良好的师德师风氛围,从而更好地发挥教师的榜样作用。

(七)拓展国际视野

在全球化的背景下,拓展国际视野对于教师的未来发展具有重要意义。在校本研修中,通过参加国际交流活动、引入国际先进教育理念和教学方法等方式,可以帮助教师拓展国际视野,提高跨文化交流能力,从而更好地适应全球化趋势。

校本研修以其独特的优势,为教师的专业成长提供了便捷的条件,并逐渐成为教师实现专业成长的必经之路。它是时代的呼唤,也是教学改革的要求。校本研修以学校为基础,致力于解决学校教育实践中的问题,为教师提供了发挥专业自主性的平台,使他们成为新时代的自我教育者。

第六章
以校本研修为抓手，推动教育集团发展

  2019年3月初，新会圭峰小学教育集团正式成立，总部设在圭峰小学。集团性质为领衔指导型，以圭峰小学为领衔学校，东区学校、古井小学、司前小学、黄冲小学、台山市白沙镇中小学为成员学校。集团秉承"融合共建，开放共享，合作共赢"的集团化办学思路，积极探索"文化共融、质量共建、资源共享、平台互联、师资互动、教研一体"的发展模式，形成"名校+新校+乡镇校"各自独立法人的教育集团办学模式。

第一节　奋进"四域一体"范式

一、教育集团化办学的背景

教育集团化办学是以习近平新时代中国特色社会主义思想为指导，深入贯彻落实党的十九大精神，全面落实立德树人的教育政策。集团化办学的推行与发展有着深刻的背景意义。

一是政策背景。近年来，深化教育领域综合改革，大力促进教育公平，统筹城乡义务教育资源均衡配置，逐步缩小区域、城乡、校际差距等教育政策是教育全面发展的奠基石。集团化办学能够进一步创新办学体制和管理体制，深入实施素质教育，全面提高教育质量，努力办好人民满意的教育，实现教育高质、均衡发展，从而不断满足人民群众日益增长的优质化、多样化的教育需求。

二是社会背景。虽然我国义务教育法规定义务教育阶段实行"免试入学""就近入学"的教育政策，但群众心中要"挑所好学校"的愿景依旧普遍，名校成为短缺的教育资源。教育部门对基础教育资源进行整合，满足群众对优质教育的强烈需求，让更多的人接受更好的教育。

为发挥圭峰小学的优质教育资源作用，落实新会区委、区政府

"全区域高位均衡"理念，进一步加快新会区基础教育均衡化、优质化进程，圭峰小学教育集团在"主体与主导相结合""共性与个性相结合""继承与发展相结合""民主、公开"等四大原则指导下，采取"名校＋新校＋乡镇重点校"的多法人组合式教育集团的办学模式，使"乡镇校""新校"变强，实施集团型发展。这是区域内教育资源调整和发展的必然选择。

2019年3月初，新会圭峰小学教育集团正式成立，总部设在新会圭峰小学。集团性质为领衔指导型，以圭峰小学为领衔学校，东区学校、古井小学、司前小学、黄冲小学、台山市白沙镇中小学为成员学校。集团秉承"融合共建，开放共享，合作共赢"的集团化办学思路，积极探索"文化共融、质量共建、资源共享、平台互联、师资互动、教研一体"的发展模式，形成"名校＋新校＋乡镇校"各自独立法人的教育集团办学模式。

圭峰小学教育集团成立的初衷是让集团学校每个孩子都能享受平等优质的教育，让集团学校每个教师在互动互联中共同发展，让集团领衔校、成员校教育实力高位均衡，优质发展。其一是以平等互助为发展背景。圭峰小学教育集团领衔学校与成员学校都有着独立的法人代表，是基于协作关系的办学共同体，彼此平等互助。领衔校尊重成员校办学的独立性、自主性，在办学制度、校园文化等方面，领衔校对成员校不做任何干预。其二是以共同发展为推进背景。圭峰小学教育集团是一个办学共同体，"共建、共享、共赢"是领衔校和成员校的共同愿景。教育集团内部主动融合，加强互动交流的广度和深度。领衔校敢于担任，主动作为，充分发挥其名校效应和辐射带动作用，5所成员校敢于突破，主动学习，大胆改革创新，注重内涵发展，增强自身造血机能。

二、教育集团化办学改革的发展现状

(一)基本情况

目前,圭峰小学教育集团共有教师570人,教学班218个,学生1万多人。集团采取多法人组合(紧密型)的办学模式,以"立德树人,幸福成长"为办学理念,坚守"平等互助"和"共同发展"两大原则,在尊重学校办学自主权的基础上,实现"强弱结合"的有效合作,相互促进,共同发展。

(二)管理体制

1. 集团制度设计

以圭峰小学为引领,通过搭建平台和拓展渠道,圭峰小学多维度、深层次地开展集团内部的教师培训、教学交流、资源共享、文化共创,帮助成员校进一步提高教学质量,打造办学品牌,擦亮办学特色,夯实师资队伍建设,提高办学质量,同时也有助于领衔校发挥示范辐射作用,激活教师发展活力,实现集团的共建共享,共赢发展。

(1)制度共建:圭峰小学建立教育集团管理制度和工作制度,建立行政班子联席会议制度,及时了解和掌握集团成员校的工作情况,合力解决管理中的共性问题。制订教育集团办学工作计划总表,确保集团学校之间在教学进度、校本科研、教师培训、学生考试等方面尽可能通盘部署,整体规划,步调一致,同步发展。

(2)师资互动:圭峰小学创新教师流动机制和培养机制,拓宽互动交流的广度和深度,创新教师交流、师徒结对、送教下乡、进城教研、工作室研修等交流形式，让集团内部教师流动的形式更丰富灵活，交流的范围更广阔。

（3）教研一体：圭峰小学推进"青蓝工程""名师工程""智囊团工程"三大强师工程，搭建集团教师教学比武平台，实现集团学科之间的有效交流，共同进步。集团成立中心教研组，构建成员校青年教师比赛课、骨干教师展示课帮扶指导机制，盘活集团名师、骨干教师和学科带头人等优秀教师资源，形成集团内部教师培养机制。

（4）课程整合：以圭峰小学校本课程体系为基础，集团融合五大成员校的校本特色课程，构建"九大课程""七大社团""五大节日"的集团生态课程体系，并帮助东区学校尽快建立了学校的校本课程体系。

（5）资源共享：圭峰小学建立集团网络交流平台和教学资源库，集团内学校将本校的学科课程资源、校本教研成果、教科研成果、学校特色发展项目等有形成果上传到资源库中，通过集团总校教学平台实现共享。

（6）文化共融：集团尊重各成员校原有的校园文化特色，加强彼此之间在环境文化、制度文化、精神文化、活动文化上的交流与融合，通过取长补短，互通有无，整合升级，优化发展，形成既彼此独立、特色鲜明，又相生相融、和谐统一的教育集团新文化体系。

2.集团内部权责划分

教育集团下设集团理事会办公室、教育教学工作部、教师发展工作部、后勤保障部，负责人由领衔学校相关部门管理人员担任，成员学校设对应的联络人。

(三)运行机制

1. 经费使用的运作

(1)教育集团各成员学校的校产、学校资金等由各成员学校自行管理使用。

(2)集团各成员学校建立健全财务制度,严格按照国家有关财务制度和财务纪律执行经费预算、使用和报销,并接受政府和教育行政部门的监督。

(3)教育集团各项活动产生的经费根据有关财务管理制度和实施细则由各成员学校实报实销。教育集团内部开展的活动经费使用合理、到位。例如:集团开展的学生社团活动、教师工会活动、教师培训活动、社团活动、交通支出等要保障经费充足。

(4)集团所有学校各自规范学校经费管理,明确支出流程,强化责任意识,提高资金的使用效率,不得违反财务制度。

2. 教师交流的运作

集团发展的目标是美美与共、各美其美。领衔校帮助每一所成员学校,提升办学效能,提升集团活力、社会影响力,进一步打造圭峰小学教育集团教育品牌。集团各校共享圭峰小学品牌教育理念,打造圭峰小学教育集团质量品牌;共享圭峰小学教育集团教育成果,结合学校实际形成各自办学特色;共享圭峰小学教育集团资源,以提升各自的教学质量。

(1)设立联系人制度。集团各校校办主任为集团工作联系人,沟通推进集团活动,加强集团宣传。

(2)每年开展集团成员校"供需"调研。"需":即集团内学校提出需求，集团整合资源后因需支持；"供"：即集团学校优势输出，供其他成员校分享。

（3）各集团校结合各自学科优势筹建教师工作室，让优势学科辐射至其他伙伴学校，在集团之内发挥带教的作用。

（4）集团成立资深教师协会、专家资源库，颁发相关成员聘书，开展集团内教学指导和评估。

（5）集团以活力课堂教学模式为课堂教学改革突破口，尝试教育核心任务推进。

（6）集团以培养创新学生人才为落脚点，落实各项学生竞赛活动，包括小学学科竞赛、体育社团赛、文艺联谊等。

（7）集团举办中层干部培训会，在提升集团学校中层干部的执行力的同时，为中层的进一步沟通、融合搭建平台；建立集团青年干部分享群；适时推进集团间干部柔性流动。

3. 教师培训的运作

（1）集团成立专家工作室指导集团成员学校开展教育教学。

（2）集团教师发展工作部负责教育集团内教师培训工作：一是制订集团内教师发展计划、教师培训制度。二是对集团内的教师进行职业发展分层规划要求，组织能促进教师专业发展的研究培训活动，搭建不同层次、不同形式的交流平台，实现教师的多向交流与专业提升，促进集团内教师队伍有序流动。三是注重发挥领衔学校教师发展基地校的优势、影响和基地作用，集团对集团内教师进行集中和分散结合的培训方式，对集团内各成员学校教师进行通识性培训，并指导各成员学校进行自主性培训，开展有主题、有实效的校本教研活动，教师专题培训等活动，促进教师专业发展。

4. 课程建设的运作

集团坚持走"国家课程"与"校本课程"双轨发展之路，充分挖掘校内外资源，努力发挥教师的特长和家长的资源，走出传统课程体系的瓶颈，构建起"九大课程""七大社团""五大节日"的生态课程体系，实现集团校本活动课程常态化。生态课程为学生智慧和人格的同步发展，创造了最佳的环境与条件，使学生都有理解幸福的思维，有创造幸福的能力，有体验幸福的境界，有奉献幸福的品格。

5. 教学改革的运作

构建"开放·活力·高效"的课堂，是圭峰小学教育集团的教学改革重点。

（1）建设高素质的师资队伍。强教必先强师，师资队伍素质的高低直接关系着人才培养质量的高低，关系着集团能否可持续发展。我们通过多种途径，采取多种措施，强化师资队伍建设，提高了师资队伍的整体水平。

（2）建设有效的备课制度。备好课是上好课的前提，更是提高教学效率的关键。圭峰小学教育集团采用"个性备课+集体备课"相结合的备课形式，在"深入"上下功夫，在"浅出"上做文章，建设出一套行之有效的备课制度。

为进一步提高备课的效率，集团创新设计了"三研定案、三案定教"的集体备课模式：

"一研"——自研备课：即由主备人根据新课标、教参、教材，制订单元教学计划，形成"初案"，提供研讨，主备人根据其他成员的意见修订。

"二研"——互研备课：即主备人根据"一研"的意见修订形成的

"共案"执教，其他成员进行听课评课，进一步提出教学修改意见。

"三研"——自研改备：即由备课组成员根据"二研"的意见修订形成涵盖个人风格的"个案"执教，其他成员听课评课，对仍存在的教学问题记入个人的教学反思中。

"三研定案，三案定教"集体备课的实施，使集体备课成为教师合作、时间、创新的研究过程，有效促进了年级教研氛围的形成，能够提高青年教师的教学技艺，积累丰富的教学资源，提高教师的教学技艺，积累丰富的教学资源，提升教师的教研能力，完善教学评价机制。

（3）营造学生爱学、会学、乐学的氛围。圭峰小学教育集团全力塑造的"活力课堂"体现在——因材施教、教学相长、民主合作、其乐融融。其中，"因材施教"是高效课堂的教学原则；"教学相长"是高效课堂的追求目标；"民主合作"是高效课堂的组织形式；"其乐融融"是高效课堂的理想氛围。具体表现在以下三个方面：

一是精心预设，注重学生课堂生成。首先，我们重视课前的集体备课，集思广益。其次是教师精心设计问题，引发思考。课堂上，问题的设计有趣味性，有启发性，有开放性，突出学生的主体地位，强调学生的积极参与，积极体验。最后是抓住偶发事件，自然生成。我们的课堂经常会有一些小插曲，教师以此为契机，努力挖掘教学生优点，保护他们的灵感火花，使之成为新生的课堂资源。

二是适时指导，突出学生主体地位。陶行知先生曾论述："我以为好的先生不是教书，不是教学生，乃是教学生学。"具体包括：先学后教，引导学生自主学习；以学定教，强化学生合作学习，教学合一，师生共享多重角色。当讲台给了小老师们，教师也就退到幕后。而当同学们遇到都无法解决的问题或争执不下时，教师就以同伴的角色与同学们一起探究，或给予小老师们必要的启发与引导，协助同学们解决问题。

三是培养习惯，奠基学生终身发展。"授人以鱼不如授人以渔。"塑造活力课堂，要求我们强化学法指导，掌握学习方法，养成良好习惯，如阅读的习惯，计算的习惯，写字的习惯等学习常规，在集团里如此，走上社会也是如此。当课前自主学习，课堂合作学习成为一种习惯，习惯成自然时，我想我们的教育就在为人生奠基，就会使学生一辈子受用，这样的教育才是真正具有活力的教育。

（4）夯实完善的教研模式。集团以"三课"为抓手，进行分层"练兵"，集团推行"研训一体"的校本教研制度，把课堂教学、教学研究和师资培训有机结合起来。

立足课堂主阵地，集团开展"三课"研磨活动：青年教师汇报课（探索课）、骨干教师展示课（引路课）、名师观摩示范课（示范课），以点带面，打造精品课堂，提升教研品质。

集团还以"活动"为平台。促进整体"练兵"。以竞赛活动为平台，教师参与度高，可以整体推进教师专业成长的步伐。各学科组于学期初拟定专题研修计划，每月有专题、有展示、有反馈，重点围绕集团提出的"五环节"教学模式：自学质疑—导学启引—合学探究—展学交流—评学拓展，探究不同专题教学的基本模式，不断实践学科的教学主张。如语文的本真、有效，数学的简约、灵动，英语的乐学、高效，综合的持续、尚美，探索出适合集团特色的教学模式。在教研方面突出学科重点，打造教学特色，如语文的"课外阅读"、数学的"计算能力"、英语的"口语交际"、综合的"艺术特长"，让学生养成良好的学习与阅读习惯，培养学生形成自主学习、自我探究、自我发展的"三自"能力。

最后，集团以"听课"为指导。推行常态"练兵"。高效课堂的建设落实在老师。集团推行"常态听课指导"倡导教师自觉地在实践中反思，在反思中成长。校长提前一周抽取1~2位听课对象（教师），由该教师根据教学进度自选课例。督导行政、学科组长、备课组长深入课堂听课，利用每周的教研活动组织会诊，帮助执教老师及时发现问题，优化教学行为，在评价反思中提升教学水平及师徒结对互相推门听课，并形成制度化，推行"练兵"常态化。

（5）构建灵活的知识测评机制。课堂教学评价体系的建立和实施，可以充分发挥评价的导向作用。集团通过开展科学有效的课堂教学评价，能够有效地鉴定教师的教学态度、教学质量、工作能力、业务水平等，促进教师尽快转变教育思想，在课堂教学中更好地发挥教师的教育创新意识，达到改进课堂教学的目的。对老师的课堂评价主要通过现场观察评价、监视监听评价、录像评价、量表评价等形式进行，来引领老师们进行开放、灵动的课堂教学。

听课制——集团领导、集团教学部、成员校领导、教研组和教师相结合的随机听课和指定听课制度。

考评制——每学期通过试卷形式进行集团内部部分年级、班级的调研测试，对学生知识掌握情况进行分析，以改进教学方式和方法。

赛课制——每学期在集团内进行教学比武，通过教学比赛促进教师教学技能的提升和学科组建设。

问卷制——发放问卷，向家长和学生了解集团内各成员校的家长、学生满意度。通过对问卷评价结果进行分析，及时调整集团内成员校的管理、教学改革。

6. 资源分配的运作

圭峰小学发挥集团领衔校的师资优势和示范带头作用，通过调整资源分配，带动5所成员校教师成长，提升师资建设质量。同时，圭峰小学还通过集团统领，骨干教师柔性流动，教育教学资源共享，教师文化生成融合等策略，聚焦内涵建设，提升集团办学品质。

（1）实施学校管理联通行动。集团通过理事会沙龙会议确定了领衔与成员校的学校管理、教学教研和教师专业发展中的相关问题，凝聚共识，统一思想，明确方向，制订目标。

（2）实施队伍建设联手行动。集团鼓励干部教师交流，发挥领衔校优秀干部和骨干教师的示范带头作用，搭建干部教师成长发展平台，促进集团内干部教师专业发展、素质提升。集团还加大干部教师的交流力度，要求骨干教师参与集团内交流的人数必须达到本校符合交流条件的普通教师总人数的5%及以上。

（3）提升教师研训质量。通过江门市冯家传专家工作室、江门市名校长工作室、江门市胡务娟名师工作室、江门市钟瑞少先队工作室等集团名师工作室，集团开展"研训一体"的教研模式，以项目式培训学习、跟岗培养、师徒结对、互联网＋教师专业发展等措施，使各学科在集团层面形成骨干教师引领团队。

（4）实施课程教研联合行动，共享课程资源。集团在高质量实施基础性课程的同时，集聚集团内各成员学校，建设具有集团特点和地域特色的优质课程开发、共享、配送机制，促进优质课程资源共研共享。

（5）实行教研联动。集团以领衔校为主，各学科推举一位名优教师为教研组长，以学科为单位，分学段或年级设立学科教研组，建立健全集团学科教研制度和每学期学科同步教研活动计划，充分利用假期开展集体备课研讨活动。重大科研项目由集团组织集体攻关，引导教师积极参与，做好课题成果在集团内的推广与应用。

（6）协同教学管理。集团领衔校与成员校在教学计划、教学进度、集体备课、质量监测等方面基本实行同步管理。集团每学期组织1次教学常规视导或交叉互查，至少开展1次教学常规专题培训，重视检查结果的反馈、交流和后续改进。推进"互联网+教育"，实行集团内学校"同步课堂"结对，逐步实现结对学校"同师同法同培养"。

7. 评价考核的运作

集团评估内容包括：管理机制、队伍提升、文化建设、办学水平、特色创新五个方面。评价考核一般分为日常评估与集中评估。日常评估是由集团有关部门结合成员校平时工作记录和教育专项视导，给予记分评估。集中评估是由各集团根据评估细则准备相关资料，备查资料须整理后以电子化形式上传至指定平台。集团组织教学工作室、学生工作室、教师发展工作部等部门组成评估组，根据各集团成员校进行现场评估。

（1）教育教学日常评价考核——通过日常的教育教学秩序检查，期初、期中和期末教育教学检查，以及建立管理机制、队伍提升、文化建设、办学水平、特色创新五个方面的信息反馈和收集渠道，集团及时了解和掌握教育教学中的动态问题。

（2）教育教学视导评价考核——集团对所有教育教学活动、各个教育教学环节、各种教育教学管理制度、教育教学改革方案等进行经常性的随机督导和反馈，考核成员校在校本教研活动、教师技能培养、教学比赛等方面促进教师专业发展方面的业绩和经验。

（四）办学特色

1. 整体规划

秉承"融合共建，开放共享，合作共赢"的集团化办学思路，圭峰小学探索"文化共融、质量共建、资源共享、平台互联、师资互动、教研一体"的发展模式，形成"名校+新校+乡镇重点校"的多法人组合式教育集团的办学经验，让集团学校每个孩子都能享受平等优质的教育，让集团学校每个教师在互动互联中共同发展，让集团领衔校、成员校教育实力高位均衡，优质发展。

2. 对各校区办学特色和品牌的设计

圭峰小学教育集团化办学以圭峰小学为领衔，带动区域内成员学校制订共同的教育发展目标，利用组建集团方式来运作，达到优质教育资源共享和均衡发展。圭峰小学作为领衔校，充分让成员校能够体验、学习借鉴圭峰小学的办学文化、师资理念、科学的管理制度与高水平的课程教学。

圭峰小学教育集团秉承"集团资源，共享共创""特色打造，内涵发展"的原则，积极发挥领衔校的辐射带动作用，遵循"文化互助，选点突破"的帮扶模式，在实践探索中全力助推两所成员校内涵发展，力求实现"各美其美，美美与共"的目标。

圭峰小学作为江门地区基础教育的一面旗帜，办学理论先进，办学成果丰硕。近年来，学校始终秉承"让幸福成为教育的不懈追求"的办学理念，以为学生终生发展奠基，为社会进步全面育人为办学宗旨，立德树人，幸福成长。在不断加快自身发展的同时，圭峰小学倾力为5所成员校搭平台、铺路子，促进资源共享，实现同生共长。

成员校东区学校借助教育集团优质教育资源，以办"学生快乐、教师幸福、群众满意"的教育为宗旨，高度重视学生文明礼仪教育。通过不断探索实践，该校形成了"习礼成品，为学成德"的办学理念，构建起"东区学校'礼'好"礼仪教育体系，让全校学生乐学礼仪、讲礼仪，争当"知礼、善学、能行"的"好少年"。2019年11月26日，圭峰小学与东区学校一起进行小学低年级德育教育活动。圭峰小学将自身的教育教学理念、管理经验方法、学术研究等优势资源与东区学校融通共享，校内资源全开放，校外资源齐共享，打造学习、交流、进修的资源共享平台，大力助推两所成员校实现新发展。为集团提供了一个展示交流案例。

成员校古井小学以"木棉精神"为办学理念，将打造木棉品质作为学校办学突破口。2019年11月6日，圭峰小学教育集团到古井小学一起开展"寻根木棉"校本特色课程活动，有效促进了成员校课程特色建设，丰富了其课题研究的物化成果，鼓舞了骨干师资，同时也为集团未来发展奠定了坚实的基础。集团通过开展听讲座、看课堂、办活动、观文化一系列活动，进一步丰富学生的学习生活，激发学生热爱生活、热爱学习的热情，集团化办学引领着每一位学生幸福成长。

2019年12月4日，圭峰小学教育集团走进了司前小学和黄冲小学两所成员校，开展司前小学"上品教育"办学理念教育实践展示活动和黄冲小学"蔡李佛"特色教育项目展示活动。在两所成员校中，集团领导走进学生课堂和教师办公室，走进司前小学"自主学习"课堂和黄冲小学"蔡李佛"武术项目，开展听讲座、看课堂、办活动、观文化等一系列活动。两所成员校有自己的风格特色和文化底蕴。在2019年新会区庆祝中华人民共和国成立70周年晚会上，圭峰小学的大合唱节目与黄冲小学的武术节目"蔡李佛"，均获得了金奖。

圭峰小学作为领衔校，采用"选点突破"的工作策略，大力挖掘成员校的内部潜力和发展基础，找到集团成员校品牌发展的突破口并大力加以推进，得到了良好的教育效果。

第二节 凝聚"共建"合力，联动赋能发展

圭峰小学以校本研修为抓手，凝聚"共建"合力，联动赋能发展，推动了教育集团的高品质发展。如今，圭峰小学教育集团已经走过了五年的集团化办学之路，秉承"立德树人，幸福成长"的办学理念，集团五所学校始终保持各自办学特色，实现了"一花五叶"绚丽绽放的局面。

一、圭峰小学教育集团的融合与发展特色

圭峰小学教育集团的融合与发展特色，总的来说就是七个"共建"：顶层共建、制度共建、格局共建、平台共建、教研共建、视导共建、资源共建。

（一）顶层共建：谋定后动，优化集团化办学顶层设计

圭峰小学教育集团以"学党史，强党性，提能力"为主题，开展党史学习教育，在各校推行"一花五瓣"开放式主题党日活动，其中，"花"为"圆"心，是每季度的党史学习教育。"瓣"为"元"素，是每季度的五个"一"活动平台。圭峰小学把党性教育向多元发展转变，

主题鲜明、形式新颖。

自"双减"政策落地，集团随即启动并制订了集团化办学的顶层设计工作。深入学习《关于进一步减轻义务教育阶段学生作业负担和校外培训负担的意见》和《关于落实五项管理的通知》，提出了集团实施"双减"的新设想、新思路，多管齐下，落实"双减"开篇。一是设置"智慧作业"平台，分学科精细化指导作业设计与实施；二是推行"课程点餐"管理，"菜单"里有集团推行的"九大课程"（包括：经典、书法、科技、艺术、生活、体育、外延拓展等9大校本课程），实行学生自主选择"菜式"，集团校统一专业指导的策略；三是夯实"高效课堂"的覆盖，提高课堂教学的实效。

（二）制度共建：建章立制，完善"互联互通"新机制

理念的认同是集团化办学发展之根本，制度的确立是集团化办学执行之保障。为了保证集团化办学落到实处，集团通过制度共建，自上而下把集团章程具体化、可操作化，进一步完善和落实集团"五项管理"制度、集团行政会议沙龙、领衔学校对成员学校的视导制度、集团教研互动机制、集团核心智囊团备战机制、集团教学质量检测方案等一系列集团运作制度。成立三年来，圭峰小学教育集团有序运作，各项制度落实到位。

（三）格局共建：尊重融合，确立"美美与共"新格局

校园文化的认同与融合是集团化办学的联系纽带。圭峰小学教育集团成立以来，本着"和而不同，协作发展"的原则，深入调研五所学校的校园文化定位和校园文化特色。通过调研，集团决定充分尊重领衔学校和成员学校现有的校园文化现状，并通过进一步融合，构建"各美其美，美美与共"的集团文化发展新格局。

各美其美：五所学校遵循各自办学理念，进一步擦亮办学品牌，夯实校园文化特色。

美美与共：集团以"书香文化"对各成员学校的校园文化进行联结和融合，厚实集团共同的校园文化底色。率先从"书香文化"切入，以活动为平台，开展各校校园文化交流活动，打开各校文化（红色文化、课程文化、诚信文化、主题文化）相融的序幕，加强沟通，共同成长。

（四）平台共建：工作室搭台，构筑研修交流新高地

圭峰小学教育集团五所学校遍及城乡，分布较散，距离较远，开展常态化的教研互动有一定难度。领衔学校圭峰小学充分发挥广东省冯家传名校长工作室、广东省胡务娟名师工作室、4个市级工作室、2个区级工作室、6个镇街工作室平台的引领作用，为成员学校的行政班子和骨干教师搭建专业成长的平台，构筑集团研修交流高地。

（五）教研共建：双向互动，形成教学教研新常态

集团创新教师流动机制和培养机制，拓宽互动交流的广度和深度，创新教师交流、师徒结对、送教下乡、进城教研、工作室研修等交流形式，让集团内部教师流动的形式更丰富灵活，交流的范围更广阔。过去几年，集团开展了一系列的双向互动教学交流活动，一是建立教师互派机制，通过开展领衔校与成员校骨干教师互派蹲点交流，促进教学教研的深度融合；二是建立送教交流机制，举办"名师大讲堂""教学展示课""专题讲座"等活动；三是建立赛课联动机制，以教学比赛来带动集团学科教研，让教师在备课、磨课中不断成长，把成功的备战经验和磨课模式辐射集团各校；四是组建集团中心教研组和学科核心智囊团，构建成员校青年教师比赛、骨干教师展示课帮扶指导机制等。目前，教

研共建已经形成了教学教研的新常态，促进了教学教研的深度融合。

（六）视导共建：领衔视导，开启教学提质新机制

为了进一步落实领衔学校对成员学校的指导，把优秀的办学经验和成功的教学、教研模式辐射到成员学校中去，进而实现教育集团内部的高位均衡发展，圭峰小学教育集团开启"视导机制"，使教学视导成为集团教学提质的常规。

每学期，领衔学校圭峰小学与成员学校行政班子、学科骨干教师代表组建教学视导工作小组，以"三态观察"为目标，到各成员学校开展深入的教学视导。工作小组深入课堂，了解教师的教学样态；查看作业，了解学生的学习状态；查看成绩，了解学校的办学生态。通过教育教学视导，促进成员校教师成长，课堂教学改革，教学质量不断提升，成员校整体办学质量得到了大幅提升。

（七）资源共建：信息互通，建立资源共享新平台

集团自成立以来已着手建立学校之间"四位一体"的信息互通体系，即基于微信群的学科交流平台、基于钉钉的线上教学平台、集团学校教学资源库、集团学校互赠互享机制，实现信息互通、资源互享。特别是在2020年、2021年，集团积极响应广东省教育厅提出的线上教学号召，并以此为契机构建了集团的资源共享网络平台，进一步夯实和完善了集团的教学信息资源库。通过互通体系，圭峰小学教育集团实现领衔校与成员校在课堂教学资源，学科课程资源，试卷题库、校本教研成果、教科研成果、学校特色发展项目等有形教育教学资源的同步共享。

二、教育集团凝聚共建合力，办学成效显著

圭峰小学教育集团"一花五叶"绚丽绽放，"和而不同，协作发展"的办学格局已具雏形，共建合力的联动赋能教育集团的发展，集团办学取得了优异的成绩，向党和人民交出了满意的答卷。

自2019年至今，集团连续4年获得新会区集团化办学成果展示第一名，并在2022年2月被广东省教育厅评为首批广东省优质教育集团培养对象。集团领衔校圭峰小学获评为广东省校本研修示范学校、广东省基础教育校本教研基地（圭峰小学为基地校，黄冲小学、古井小学为联合校），集团18个工作室遍地开花，包括2个省级工作室、4个市级工作室、4个区级工作室和8个街道工作室。

教育集团六所学校在各级比赛中硕果累累，总计获国家级奖项27项，省级奖项108项，市级奖项432项，区级奖项234项，镇级奖项198项；教师个人荣誉称号1290项；教师撰写论文共352篇，在区级以上刊物上发表，其中部分篇目还获了奖；三年间共30项课题立项，其中省"十四五"立项3项，市立项6项（已经结题10项）。集团办学经验分别在《学校品牌管理》《南粤名师》《广东教学报》《学校品牌管理》等报刊上发表；集团办学经验多次在新闻媒体上报道；笔者多次受邀到各地进行集团化办学经验分享；集团化办学教育教学成果由新会区教育局牵头，向新会区其他教育集团推广，起到了良好的推广效应。

踔厉奋发之年，不负百舸争流。在集团各校的精诚努力下，圭峰小学教育集团将继续秉承"学而不已，以学为上"的宗旨，积极推进教育教学深度发展，努力成为新会集团化办学的标杆。

第三节　工作室搭台，构筑研修交流新高地

在广东省教育厅、江门市教育局的指导下，圭峰小学认真贯彻执行《关于印发<广东省中小学名教师、名校（园）长、名班主任工作室管理办法>的通知》（粤教继〔2021〕3号）、《江门市"名师名医名家"管理暂行办法》（江人社发〔2016〕488号）文件精神，以冯家传专家工作室为校本研修核心，构建集团化办学校本研修交流新高地。

一、聚力理论研修与实践转化：承载办学理念，塑造教育之魂

通过系统学习培训和持续的学校管理实践，笔者进一步提升自己的教育理念，拓宽办学视野，实现从"管学校"走向"办教育"的观念转变，不断丰富和优化学校管理的策略，增强作为校长的思考力、领导力和创造力。在专家导师和主管部门的指导及自身的努力下，笔者成长为一名有先进办学理念，有教育品位、有教育情怀的创新型的现代优秀小学校长，带领全体教职工深挖学校发展内涵，增强学校发展活力，凸显学校办学特色，擦亮学校办学品牌，引领学校秉承"让幸福成为教育的不懈追求"的办学理念，沿着"立足新会—辐射五邑—知名广东—

走向全国"的名校发展方向取得跨越性的发展。

办学理念是学校的灵魂，是学校办学的行动指南。良好的办学理念是一面旗帜、一个纲领。圭峰小学就是这样一所以师生的成长为逻辑起点，以营造书香校园的十大行动为途径，以"过一种幸福完整的教育生活"为教育理念的创新型实验学校。

以工作室为平台的校本研修为集团各学校的办学思想交流提供了一个开放、互动的平台，帮助校长们将所学到的理论转化为实践，并塑造出本校独有的教育之魂。以核心校圭峰小学为例，追求幸福的教育，享受教育的幸福。在幸福教育理念的正确指引下，学校以学生长远发展、全面发展为出发点，处处体现出对学生的尊重和关怀，更好地实现学生核心素养的培养。"幸福教育"的办学理念带动圭峰小学幸福课程的全面开展。课堂教学是学校落实幸福教育的主阵地。圭峰小学着力打造"活力课堂、生态课程、多彩活动"三位一体的幸福课程体系，实现"学习能力"和"个性特长"双线发展，致力于把学生培养成"德才兼备、全面发展、阳光自信、活力创新"的社会主义接班人。

1. 活力课堂——学生幸福成长的能力主阵地

构建幸福课堂，一直都是一线教师苦苦追求的目标。幸福课堂建设的最终目的在于减负增效，它强调以生为本，突出学生的主体地位，尊重学生的独特体验，释放学生的学习潜能，突出课堂的教学实效。圭峰小学把对"幸福课堂"的建设落实在"开放·活力·高效"三个关键词上，引领幸福课堂打破常规，构建起以课堂为中心，以学生为主体，以学情为主导的活力课堂。学校注重教学与生活相联系，重视各学科间的相通相融，关注课内课外学习活动的整合，建立由单一的知识灌输到立体多向互动（师生互动、生生互动、文本互动）的教学模式，使学生主动参与、乐于探究、勤于动手、敢于表达，并在学习中触类旁通，举一反三。学生在老师的引导下，自主学习、主动学习、生动活泼地学习。在圭峰小学的课堂上，学生有表达的欲望、师生有思维的碰撞、课堂有智慧的生成。最终，"教"与"学"达到和谐状态，知识的传授、情感的交流、能力的培养以及个性的塑造融为一体，达成教与学的过程与结果的和谐统一，实现学生的可持续发展。

2.生态课程——学生幸福成长的潜力助推器

有人说：谁能让孩子"动如脱兔，静如处子"，谁就掌握了教育的秘密。要实现人的全面发展，课堂是主阵地，活动课程是分会场，是学生个性发展、幸福成长的助推器。笔者认为：学校内外的一切活动都是课程。圭峰小学坚持走"国家课程"与"校本课程"双轨发展之路，充分挖掘校内外资源，努力发挥教师的特长和家长的资源，走出传统课程体系的瓶颈，构建起"九大课程""七大社团""五大节日"的生本课程体系，实现校本活动课程常态化。

3.多彩活动——学生幸福成长的魅力展示台

要使学生享有感受幸福的机会，拥有创造幸福的能力，学校必须坚持"学习能力"和"个性特长"双线发展。通过构建"九大课程""七大社团""五大节日"，圭峰小学每学期都为学生搭建各种各样的舞台，举办丰富多彩的活动，确保圭峰小学的每一个学生在六年的学习生活中，"人人有参与的机会、人人有展示的舞台、人人有自信的感觉、人人有成功的喜悦"。一年一度的新会景堂图书馆师生书画工艺作品展、新会人民会堂红五月文化艺术节汇演等大型活动已经成为圭峰小学对外展示素质教育的窗口，成为展示孩子们作品的大舞台。

二、聚焦人才资源与师资培养：成就幸福名师，储备幸福后劲

科研兴校，教学兴校，在专家工作室的引领下，圭峰小学教育集团各学校的教学科研能力进一步提高。通过深入、系统的培训学习和有针对性、有目的性的项目研究，笔者不断提升自身和老师们的教育理论水平和科研能力，在学习和实践中形成了较高的理论素养。与此同时，笔者带领教师以"走出去，请进来"的方式主动与省内名校开展学习交流，进一步提升教师综合素质。笔者愿在改革创新上做教师的引路人，着力打造一支名师队伍，以名师带动全校教师的专业化成长。

通过不断地学习先进教育理论和学习国内名校的优秀办学经验，笔者把先进的理论和名师的教学经验，渗透进自己学校的教学实际，凝练出科研兴教的发展思路：通过弘扬国学经典建设幸福校园，通过推进名师、青蓝工程成就幸福教师，通过落实优质和特色教育培养幸福学生，进一步丰富"幸福教师"的办学内涵，增强全校师生对"幸福教育"办学理念的认同感。办好教育，建设一支高质量的教师队伍是关键。没有教师幸福的教，就没有学生幸福的学。老师首先也是人。只有被尊重，老师们才有存在感；只有被关爱，老师们才有获得感；只有被培养，老师们才有成就感。老师的幸福指数上去了，学生才能真正地幸福。在工作室引领下，圭峰小学教育集团开展"幸福教育"校本研修，并付诸实践。先后开启幸福教师五大工程（青蓝工程、名师工程、智囊团工程、激励工程、暖心工程），全力建设一支"六有"幸福教师团队（心中有梦、课堂有情、发展有力、成长有望、工作有心、生活有味），从整体上提高教师对教育、对学校、对学生、对自身发展的职业幸福感。

三、聚合教育智慧与品牌传播：打造儒雅校园，洋溢幸福书香

圭峰小学的示范辐射作用进一步增强，"打造幸福校园、锻造幸福名师、培养幸福名生"多管齐下，进一步擦亮了特色办学、名校办学的品牌，增强了学校在省内的美誉度和传播力。学校文化管理是继经验管理、科学管理模式之后，出现的一种新的管理模式。良好的学校文化氛围能影响全校师生的良好品行，能促进师生素质的提高。圭峰小学的文化管理以人为出发点，以人的价值实现为最终管理目的，强调人在管理中的主导地位，尊重人的价值，想方设法调动人的主动性、积极性和创造性以实现组织目标，以谋求人的全面发展为最终目的。笔者认为要着重从以下几方面入手增强校园文化的营造和管理。

一是建设高品位学校文化。学校价值观是学校文化的核心，一所学校选择什么、崇尚什么、追求什么，外显为教育行为和校风，内隐的则是学校价值观念，要努力塑造学校共同价值观。二是建立和实施共同愿景。学校的共同愿景是规范教育行为、凝聚力量、唤起希望、激发内动力，是引领学校发展的巨大推动力。三是建设教职工的精神家园。学校文化管理是一种柔性化、隐性化的管理，在师生员工的情感和精神生活中得到体现。四是转变学校领导行为。学校文化管理是以人为本、尊重人性的管理，管理的根本目的是激励人、培育人、发展人，以此实现组织目标，并在组织目标实现过程中，进一步实现人的发展。实施学校文化管理，必须转变学校领导行为。

有"幸福教授"之称的美国作者丹尼尔·吉尔伯特在其《哈佛幸福课》中指出：如果一个人总是对自己的明天充满着期待、希望和梦想，那么，幸福就会天天围绕着、伴随着、充盈着，人就会活出积极、向上、幸福的人生样态。一个人的积极心理是需要培养的，也是需要环

境浸润的。在学校，这个环境就是校园文化。

（一）营造书香校园——入眼即风景，随处可读书

在小学的奠基阶段，我们赋予孩子的幸福底色，将决定着孩子今后人生的幸福走向。幸福的校园应该是一种怎样的存在状态呢？古人说：最是书香能致远，腹有诗书气自华。笔者认为，一个从小生活在书香环境中的孩子，必定是一个热爱阅读的孩子；一个热爱阅读的孩子必定是一个内心充盈的人；而一群从小就热爱阅读、内心充盈的孩子，无论是童年时代还是长大后，必定是一群快乐的人，一群能拥抱幸福和创造幸福的人。

笔者从优秀传统文化中汲取营养，通过营造"入眼即风景，随处可读书"的书香文化氛围来建设幸福校园。从2015年起，圭峰小学先后在笃学楼各楼层开辟了10个开放式的心灵读书角，在校园里安装了20多个心灵小书屋。在圭峰小学，阅读就像呼吸一样自然。只要能坐下的地方，就有图书，孩子们可以随心所欲地享受阅读。

（二）倡导诚信阅读——书香能致远，诚信是根本

圭峰小学还启动了"图书出馆，诚信阅读"计划。在计划还没有实施时，有老师担心：一旦全面开放，孩子把书带走不拿回来怎么办？事实上，在计划启动的第一个月，学校清点图书时确实丢了一部分。有的老师提出意见：这样搞不行。笔者却认为：不能因为少部分学生的不良行为，而剥夺了大部分学生自由阅读的机会。如果所有孩子都那么自觉，教育就没有存在的必要了。于是，我们多管齐下，一方面向学生和家长发出"诚信阅读"倡议书，一方面化整为零下放读书角和小书屋的管理权到班级，同时还定期发出还书温馨提示……三年过去了，心

灵读书角和心灵小书屋的书虽然偶尔还会有丢失，但自觉归还率达到90%以上。校园里的读书氛围浓了，阅读，成了圭峰小学校园里最寻常、最美丽的一道风景。

（三）重拾文化自信——弘传统文化，塑君子人格

校园文化建设中，圭峰小学融入中华传统美德元素，突出新会地方文化特色，将传承优秀文化与打造办学特色相结合，充分利用学校依山而建、围墙较多的特点，以"让墙壁说话"的形式，先后建设了古诗长廊、"爱我中华"壁画、新会名人浮雕、廉政文化墙、"读书报国"文化走廊等，以"墙壁文化"来营造传统文化氛围。学校还为"至圣先师"孔子立像，以"弘传统文化，塑君子人格"为主题，坚持每学年开展新生开笔礼、孔子诞辰开蒙礼等特色系列儒雅文化活动。学校编印了经典诵读系列教材《小学生经典诵读选编》和《小学生小古文诵读80篇》，将每天早晨的7：00—7：20设为"晨读经典"时间，落实"每日一诵"，日行一善。通过编教材，诵经典，拜孔子等系列做法，我们营造显性的校园文化氛围，将传统文化的基因植根于学生的心中，形成记忆的烙印。

四、聚会教育均衡与辐射示范：引领农村校长成长，带动薄弱学校成长见成效

为切实履行"广东省名校长工作室"主持人和江门市"名师名医名家"的职责，笔者把培养青年校长、乡镇校长，改观薄弱学校纳入自己的工作范围，希望把他们培养成有较高的教育理论水平，有较强的管理能力，有自己的办学思想的好校长。笔者努力构建学习型组织，带头

做一名读书人，与青年校长、农村校长们一起向书本学、向老师学、向学生学、向专家名师学。实践使学习真正成为我们自身专业发展的不竭动力，不断提升理论水平、管理水平和创新能力，在所在学校形成独特的办学风格。

常言道："谋定而动，方能笃行致远。"2021年，工作室研修活动正式启动。研修过程中，我们依托专家指导，坚持边学边思边实践；立足教育教学，坚持推门听课，坚持立足一线参与校本教研；开展同伴互助，以谦虚的姿态主动与培养的学员开展学习交流；加强校际合作，以"走出去，请进来"的方式主动与农村兄弟校开展送教下乡交流，认真总结和反思学校管理，争取优质办学业绩。以圭峰小学为阵地，以省工作室为载体，以城乡结对学校校长为培养对象，圭峰小学通过送教下乡和进城教研，为骨干教师搭台，把学校的先进办学理念和教学模式辐射到乡镇兄弟学校。

以圭峰小学为主阵地，以"双向互动，共赢发展"为目的，我们创新开展"送教下乡"与"进城教研"相结合的帮扶模式，与结对学校建立长期的合作交流联合体。2018年，圭峰小学骨干教师组织送课、送讲座、送报告达40多人次。笔者亲自带队组织骨干教师到上述结对校进行走访交流和送教送讲座2次，指导5所结对帮扶学校的教师参加镇以上教学比赛7次，并获得优异成绩。

另外，专家工作室在2018年先后接待江门市蓬江区新入职教师共4批次近50人到校跟岗学习，接待江门市乡村骨干教师32人次到校跟岗学习2天，笔者为他们执教示范课《最后一头战象》，得到了跟岗教师的一致好评。

2021—2023年，工作室共培养出6名省级学员和6名市级学校，其中刘仲燊、何锦明、冯雪璀3名学员被评为江门市名校长工作室主持人，周文斌、余社炳两人被提拔为大泽镇和罗坑镇中心小学校长，胡务娟被评为广东省特级教师。

第四节　圭峰小学与结对帮扶学校共进计划

为落实《广东省中小学教师校本研修示范学校和示范培育学校工作指南》文件精神，做好"广东省校本研修示范学校及培育示范学校首席专家专项培训"任务，圭峰小学和江门市新会东区学校、江门市新会区古井镇古井小学、台山市李星衢纪念学校共同商议，结合学校实际，共同制订如下共进计划。

一、指导思想

以党的二十大精神为指导，圭峰小学认真落实广东省校本研修示范学校建设项目中关于积极开展学校结对共建活动的相关要求，加强与受援学校之间的交流与合作，增进学校之间的友谊，以"打造智慧教师，建设高效课堂，培养快乐学生，构建特色学校"为总目标，以提高教学质量为中心，以提高课堂教学的有效性为重点，通过结对帮扶平台，帮助和促进受扶的学校转变教育观念，规范学校管理，改革教育教学，提高师资队伍素质和教育教学质量，并促进援助学校教研工作良性发展，增强教师教育教学的创新意识，全面提升教师队伍的整体水平。

二、工作思路

圭峰小学围绕示范学校"打造名师、培育骨干、提升整体、均衡发展"的思路，坚持"两个结合"（教学与科研相结合，理论与实践相结合），立足于"做中学"和"教中研"，聚焦对教研组及研究型教师队伍的建设与研究，探索校本教研背景下如何发挥教研组作用，以教研一体、研学一体、研训一体的"三研一体"校本研修模式，推进教师专业化进程，促进学校教学的全面发展。

三、研修内容

圭峰小学依托示范学校的科研指导，借助示范学校强大的师资力量，选取"教研组及研究型教师队伍的建设与研究"和"提高课堂教学质量的研究"两大研究内容，旨在把师资队伍建设与课堂教学质量建设有机结合，开展一体化研究，连通师资队伍建设与课堂质量建设的互通点、共同点和联结点，从而实现示范学校和受援学校师资力量与课堂教学质量的双向发展。

四、研修目标

1. 推进新课程改革，全面提高教育教学质量，建设有自身特色的学校。

2. 以"三研一体"为研修模式，引领受援学校规范教研组的组织建设、制度建设、文化建设，建立以教研组建设促进教师专业发展的一般范式，提高研训成效。

3. 结合教育教学实践中的具体问题，通过实践、研讨等活动方式，提高研修的质量，促进教学发展。

4. 建立一支师德高尚，素质良好，能适应现代化教育要求的反思型、科研型、学习型的教师队伍。提高教师的教学能力，丰富教学策略，促进示范学校和受援学校的教学发展。

5. 通过实践研究，探索构建"开放·活力·高效"的课堂教学模式的策略与方法，优化课堂教学设计，提升学生的综合素养。

五、研修措施

圭峰小学在管理板块开展的研修措施如下：

（一）管理板块

1. 加强组织领导，由示范学校牵头，落实校本研修内容，成立由示范学校校长任组长，受援学校校长为成员的校本研修领导小组和工作小组。

2. 帮助受援学校树立正确的办学思想，形成先进的办学理念，健全和完善各项管理制度，规范学校日常工作管理，帮助受援学校提高管理水平。

3. 帮助受援学校制订中长期校本研修目标和工作规划。

4. 开展学校管理、校本研修等方面内容的交流与学习，要求接受受援学校校长不少于3天的跟岗学习。

(二)培训板块

圭峰小学以学校发展和教育改革需要为原则,把加强师德修养、更新业务知识和提高业务能力相结合,着重培养教师师德修养,教学基本功,课堂教学,教学科研等方面的能力。圭峰小学还建立培训考核制度,对教师参加培训的出勤、学习笔记、学习检测成绩进行登记、考核,并与期末综合评价挂钩。

1. 师德培训

我们要求教师认真学习党和国家的教育方针,以《中小学教师职业道德规范》为依据,理论联系实际,加强师德师风建设,树立新型教师形象。转变教育观念,牢固树立"立德为先、能力为本"的教学思想。圭峰小学不断深化教育教学改革,积极探索职业教育的教学规律,创新教学内容和教学方法,努力激发教师热爱教育、献身教育的责任感和使命感。

2. 结对交流

圭峰小学完善示范学校已有的师徒结对制度("师徒结对听课制度"和"师徒结对评比制度"),校本培训制度("推门听课制度"和"321工程培训"),以及校本教研制度("集体备课制度"和"学科组教研制度")。以示范学校和受援学校骨干教师为依托,以青年教师为帮扶对象,双方学校教师结成"一对一"帮扶关系,通过网络或面对面交流与沟通,更新教育观念,改变传统的教学方法,提高教育质量。我们以钉钉和腾讯会议为依托,开通双方学校教师的联系渠道,通过信息互享、资料交流、问题研讨、教研互动,使之成为两校教师交流研讨、资源共享的平台。另外,双方每年互派青年教师到帮扶学校随结对师傅进行不少于3天的跟岗学习。

3. 强师工程

圭峰小学的三项举措如下：一是工作室搭台引领。示范学校的15个工作室（名教师、名班主任工作室）做好搭台工作，发挥示范引领作用。受援学校选派骨干教师参加不少于3天的名校长、名教师、名班主任工作室跟岗活动。跟岗送教活动同步开展，我们还邀请了省内教育专家到示范学校开讲专题讲座报告，到受援学校进行教育视导和现场诊断。

二是开展名师大讲堂。为给在赛课中成长起来的青年骨干教师搭筑锻炼舞台，在教学科研中成熟起来的教学名师搭建展示平台，圭峰小学完善学校名师库，开展了不少于4次的"圭小名师大讲堂"和远程支教活动。活动形式以上示范课、专题讲座、成长汇报、论坛沙龙等。

三是落实基本功训练。圭峰小学立足岗位练兵，落实常规训练，从"四个坚持开展"来提高教师队伍的整体教学素养：坚持开展学科教学能手比赛；坚持开展教师粉笔字"一周一评展"活动；坚持开展学科命题比赛；坚持开展期末教师"一口话、两手字"教学基本功比赛。

（三）教研板块

圭峰小学指导受援学校完善学校教研组的建设，扎实开展研讨课、观摩课、公开课、示范课、教学讲座等教学研讨活动，实现资源共享，共同发展。示范学校指导结对受援学校学科研修活动不少于6天，每所受援学校不少于2天。

1. 完善教研组建设

加强教研组建设，是提升教师业务能力，提高教学质量和教学管理效率的一项有效措施。教研组努力做到教研活动的经常化、专题化、系列化，指导受援学校各教研组要制订好切实可行的教研工作计划。活动过程要具体，体现全过程，有重点，有专题，注重资料积累。学校健全以校为本的教研制度，根据学校实际组织开展校本集中培训，有目的按步骤地组织开展教师培训工作，全面提高教师的整体素质。教研组每周开展教研活动时间不少于2 h，保证集体备课至少两次。集体备课时，教师们研究教材重点、难点和疑点，探讨教学方法和教学手段，研究教学目标的有效达成。教研组组长通过集体备课，掌握本组教师教学计划落实情况。

2. 扎实开展教学活动

圭峰小学指导受援学校开展校内研讨课、观摩课、公开课、示范课、教学讲座等教学活动。学校领导深入其中并组织教师做好听课、评课和导课。圭峰小学注重活动的质量，充分体现活动的效果，通过活动让教师全员互动，主动参与，相互学习，共同提高教学水平，促进教学能力和质量的提高。学校把教学活动与教学常规检查相结合，以检评为载体，充分调动教师积极性，使广大教师在活动中提高教学水平，促进教学质量的提升。

3. 优化课堂教学质量

课堂既是教学的主阵地，也是教科研的主渠道。圭峰小学将进一步完善校本研修机制，把课堂作为提升学校教师教学能力的主要空间，以青年教师上探索课，骨干教师上展示课，全校教师上能手课的形式，开展立足于"磨课""上课""听课""评课""论坛"的研修活动，创新"模仿名师""同课异构""一课多磨""校际教研"等研修模式，以课例研讨带动主题教研，以主题教研来提升教师水平，形成"集体备课""个人展示""学科组研讨""校际交流"研修一体的大格局，使教师的教学能力、科研水平和学校课堂教学质量得到更大的提升。

（四）科研版块

圭峰小学依托省科研项目《以校本研修推动学校高品质发展》开展一体化研究，期间指导结对受援学校课题研究不少于6天，每所受援学校不少于2天。具体工作如下：

1.通过学习相关的校本研修的理论，我们充分了解已有的研究现状，明确提出研究目标，作为本项目研究的理论指向。

2.通过对目前校本研修存在问题的分析，课题组梳理出其存在的问题，提出解决存在问题的方法与策略，在理论学习和实践研究的基础上，以"实践研究"为手段，以问题为导向，以培养解决问题的思维为根本，探索相关的研修策略。

3.课题组通过校本研修分析梳理等方式总结出以"主题聚集—探索交流—思维导航—问题解决—拓展应用"为主线的"开放·活力·高效"的教学模式，让学生逐步形成和发展适应未来社会要求的、解决实际问题和特殊情境所需要的最有用的学习思维品质，全面提升学生核心素养，创新推动教师的专业化成长和学校的高品质发展，实现本项目的研究目的。

开展结对帮扶工作是教育改革中一项根本性的战略举措，在今后的工作中，圭峰小学将继续坚持从实际出发，注重实效，使帮扶双方达到相互促进，共同提高，优质资源共享的目的，为实现基础教育均衡发展做出应有的贡献。

第五节 求真务实抓研修，推动集团化办学高质量发展

校本研修推动集团高品质发展，主要的因素是有共同的价值取向，建立共同的集团精神文化，还要有解决问题的关键能力。对于推动师资队伍高品质发展而言，校本研修是一个载体和形式，而对于推动集团课程建设和课堂教学品质发展来说，校本研修就成了一个富有意义的实践研究。

"突破"可以说是对圭峰小学教育集团校本研修教育教学工作评价最准确的关键词。作为区域教育创新的"领头雁"，圭峰小学教育集团实现从"0到1"的突破，在"新"上深入探幽。走过了几年的集团化办学之路。要推动集团各校高品质发展，圭峰小学教育集团提炼出"高品格队伍建设"和"高品位课程建设"两大创新经验：一方面，以高质量高标准构建"横纵式"高品格队伍格局（"横"即是师资队伍横向做优，实现内部教师水平"高度"一致；"纵"即是师资力量形成共同体，纵向做强，实现整体师资"优质"呈现）；另一方面，放大课程建设的

辐射效应，办好文化课程、基础课程、生态课程，构建良好课程生态，为集团校"高品质发展"提供"成长新范式"。

一、课程文化走向宽度融合

　　课程文化既是学校文化的主体，又是构建学校文化共同体的手段。其功能不仅体现在教师创造性地运用自己富有智慧的有效劳动、让学生学到知识、掌握文化，更重要的是形成一种教风、学风，一种学校组织精神，从而潜移默化地影响学生的一生。从某种意义上看，课程文化绝不仅仅是单向的课程教学："它所蕴含的价值、精神、意义并不是直接灌输给学生的，而是在师生协商与互动过程中通过达成共识的方式而生成的。"在创造性的课程教育教学活动中，教师、学生共同探索、总结，最终形成了独特的教育教学风格，从而为集团化办学增添新的特色。

　　在集团化学校的生态环境中，要想创造优质的学校文化，我们就要促进课程文化的宽度融合，在不断地互动交融中形成文化共同体，从而实现"立德树人，幸福成长"的办学理念。圭峰小学教育集团六所学校在这一理念的指导下，彰显出各自的办学特色，各美其美，各尽其美。年前，领衔学校圭峰小学的"幸福教育"已构建完整体系，在本地区有一定的影响力；东区学校的"五育并举"教育、古井小学的"木棉之品"教育、黄冲小学的"文武"教育、司前小学的"敦品励学"教育、台山市白沙镇中小学的"党建引领高质量发展"教育，均已完成特色课程的构建。未来，集团六所学校的课程文化将走向宽度融合。

二、师资培养继续高度整合

为扩大优质教育资源辐射面，打破校际资源互通共享的壁垒，让学生在家门口"上好学"，圭峰小学教育集团积极探索实行一体管理、一体研训、资源共享的集团化办学模式，实现教育资源的统筹与共享、教师队伍的合作与共进、学生素养的成长与发展，最终促进集团教育优质、均衡发展。

作为集团的领衔学校，圭峰小学在打造优质师资上下了更大功夫和更大决心，打造优质师资是打造优质教育集团的保证。一方面，圭峰小学加强集团内师资的交流与支持。每学年定向派出若干名骨干名师到五所成员校进行支教交流。另一方面，圭峰小学通过集团内部的校本教研来深度提升集团的师资培养和教研培训。这主要通过两个手段来实现：第一，圭峰小学继续发挥工作室搭台培训，依托广东省冯家传名校长工作室、广东省胡务娟名师工作室等13个省市区街道级工作室的引领，培训五所成员学校的行政班子和骨干教师；第二，圭峰小学通过集团内部的教研体系共建来促进双向互动定向指导。除了送教到校示范、进城共同教研之外，圭峰小学还建立了以解决问题为目标的定向指导机制和以培养成员校青年骨干为目标的定人指导机制，全力促进成员校的青年教师成长。

实施集团化办学以来，圭峰小学充分发挥优质教育资源的辐射带动作用，在教学计划、教学常规、教学进度、质量评价、教研活动、教师培训等方面同部署、同考核、同落实，实施一体化管理，六所学校共享优质教育资源和管理经验，无论是教师的教育方式，还是对学生负责的态度，集团各校都得到了家长的认同和支持。接下来，圭峰小学还将加快制订总章程、管理制度、发展愿景的步伐，以保障集团校的可持续健康发展。圭峰小学"龙头"学校作用的发挥，以及集团校向心力、凝聚力的形成，助推了薄弱学校、乡村学校办学水平的提升。集团内城乡学校教师交流轮岗，促进教师互学互鉴，教师专业成长进步明显，为教育优质均衡发展注入了新的活力。

三、课堂教学加强深度结合

为进一步提升集团校教师教育教学水平，实现集团校资源共享、优势互补、合作共赢的教育发展新理念，圭峰小学发挥示范引领作用，聚焦课堂教学协同推进集团各校教育教学一体化发展，助推集团校教师专业化成长，以研促教，抓实抓细课堂教学，以圭峰小学为领衔校对集团各校的课堂教学进行结构性指导，指导成员校构建"开放·活力·高效"课堂。圭峰小学各学科骨干组成教学诊断指导组对成员校的课堂教学进行诊断。教学诊断指导组深入成员学校的各科课堂，以"三态观察"（教师的教学样态、学生的学习状态、学校的办学生态）作为重要指导内容，对新授课、复习课、实验课和试卷讲评课都提出了明确的教学要求。无论是从教学设计、重难点的突破、师生互动、讲练结合、时间安排，还是对学情的把控，双减作业的落实，教学诊断指导组都遵循务实高效的原则，对于存在的问题提出整改意见，必要时，指导组成员亲自上"整改课"现身说法，以提升成员校的课堂教学质量和教师的教学水平。

纵观圭峰小学集团校的校本研修活动，集团校及联盟校教师们积极参与，从教学设计、课堂生成、教学策略等角度获得了整体提升，教研员提纲挈领的指导也让各校教师受益匪浅。通过教研员的引领及集团校教师的思维碰撞，有效地加深了集团校内部的交流互动，为各校教师提供了互相学习、交流、研讨的机会和平台。圭峰小学求真务实的幸福教育理念引领大家互相学习、共同成长，为集团校的进一步深化发展打下了良好的基础，以校本研修推动集团化办学高质量发展，为教育均衡化发展贡献力量。

"双减"政策落实以来，集团六校凝聚共识，汇聚合力，坚持"以德铸魂""以智固本""以体强健""以美浸润""以劳淬炼"的原则，将立德树人融进教育各环节。具体如下：

一是继续通过设置"智慧作业"平台，分学科精细化指导作业设计与实施。二是以"三通布局"着力推进"劳动教育"模式，设立"劳动+"必修课程，科学规划课程体系，树立正确观念，增强价值认同；开设"劳动+"评选活动，组织文创活动、志愿服务活动等形式，让学生在实践中提升劳动技能、磨炼意志、强化责任担当；设置"劳动+"实践模式，充分挖掘劳动教育的场域，让劳动随时随地发生，如设置"盆栽园""百果园""养殖区"等，鼓励学生每年有针对性地学会至少1项生活技能，把劳动教育纳入"家长学校"指导内容。三是推行"课程点餐"管理，"菜单"包含集团推行的"九大课程"（经典、书法、科技、艺术、生活、体育、外延拓展等9大校本课程），实施学生自主选择"菜式"。四是夯实"高效课堂"的覆盖，提高课堂教学的实效，通过"减"最终达到"增"的目标，从而提升教育教学质量，形成一校一特色，共创优质教育品牌。五是加强思政课建设，集团着力打造思政"根—枝—干—花—叶"的体系新亮点：以思政课堂为根，设立教研机制，让思政课扎根落地，打好青少年中国底色；以体系建设为枝，贯彻落实《思政建设方案》中的"规定动作"和"自选动作"；以教材为干，甘润红色阵线的美好样态，把教材领域作为体现国家意志、坚持党的领导的坚强阵地来抓；以校园传媒为花，全方位营造一个风清气正的网络和舆论空间；以家风校风为叶，形成家校协同共育合力。六是搭建线上教学共建共享平台，以"25场别开生面、具有代表意义的教学专题活动"为抓手，实现集团内部领衔校与成员校之间的教学深度融合。七是加强集团内跨区域教育集团共建，圭峰小学开展教师支教活动、共建书香校园、科创基地创建、指导赛课磨课活动等活动，用实际行动诠释集团"立德树人，幸福成长"的办学理念，让集团学校每个孩子都能享受优质教育、幸福成长，让集团学校每个教师在互动互联中共同发展，让集团领衔校、成员校高位优质均衡发展。

  继承过去，面向未来。圭峰小学将继续求真务实抓研修，以校本研修为引领，推动圭峰小学集团化办学高质量发展。为者常成，行者常至。圭峰小学教育集团正乘着党的二十大东风，将"一座统建"作为集团化办学的统建蓝图，实现"从0到1"的集团高质量发展范式，用担当与智慧书写新时代教育发展的美丽答卷！

参考文献

[1]周小山，严先元.教师怎样进行校本研修[M].东北师范大学出版社,2004.

[2]周冬祥.校本研修：理论与实务[M].华中师范大学出版社，2007.

[3]蒋文贵.校本研修的理论与实践[M].江苏文艺出版社,2011.

[4]周峰，郭凯.幸福教育的理论与实践探索[M].江苏人民出版社，2020.

[5]朱益明.中小学教师专业发展之研究:背景、实践与本质[J].上海师范大学学报（教育版），2000(4):116-120.

[6]李永生.新课程背景下校本课程建设的实践探索[J].课程·教材·教法,2004, 24(3):8-11.

[7]白映忠.新课标 新教材 新教法[J].科技资讯,2005(23):129-130.

[8]王美君.以集体备课促教师专业化发展[J].现代教学，2008(7):106-107.

[9]向大国.让校本研修成为教师和学校发展的快车道[J].新课程研究（下旬），2008(4):17-19.

[10]刘程程.基于教师学习共同体的问题驱动式学习方式研究：以鞍山市S小学为例[D].长春：东北师范大学，2010.

[11]孔凡哲,张胜利.中小学教研模式创新的思路与实践："问题驱动、研训一体、共同发展"教研新模式实证分析[J].中国教育学刊，2010(11):67-69.

[12]尹祥.中小学教师校本研修的实践研究：以南京市N校为例[D].南京：南京师范大学,2010.

[13]林丽珊.在磨砺中收获、进步——从与青年老师的磨课中谈如何促进教师的专业成长[J].新课程研究(教师教育),2011(4):12-14.

[14]杨婉丽.突破制约教师素质提升的技术瓶颈[J].文理导航（教育研究与实践），2014(3):37.

[15]刘中琼.突破教师专业成长的几个瓶颈[J].继续教育研究，2014(6):59-60.

[16]刘伟.基于校本研修的构建教师学习共同体的实践研究——以大连N校为例[D].大连：辽宁师范大学,2015.

[17]李士国.以教育科研引领学校内涵发展[J].教育，2015(6):58-59.

[18]牛广云.以课例研究为载体的校本教研模式构建[C]//2017年课堂教学改革专题研讨会论文集.2017.

[19]苟永霞.利用"互联网+"开展校本研修的策略[J].辽宁教育，2018(22):58-60.

[20]梁惠燕.构建校本研修动力机制的思考与实践[J].教学与管理，

2020(10):19-21.

[21] 罗滨,陈颖.一体化教学与教研:"深度学习"教学改进的区域实践[J].中小学管理,2021(7):10-13.

[22] 高筱卉,赵炬明.合作学习法的概念、原理、方法与建议[J].中国大学教学,2022(5):87-96.